स्मृतियों में तुम

फिर से.

स्मृतियों में तुम

फिर से...

सुषमा जादौन

Sarvatra

An imprint of Manjul Publishing House

Sarvatra
An imprint of Manjul Publishing House

◆ द्वितीय तल, उषा प्रीत कॉम्प्लेक्स,
42 मालवीय नगर, भोपाल-462 003
◆ सी-16, सेक्टर 3, नोएडा, उत्तर प्रदेश, 201301
वेबसाइट : www.manjulindia.com

यह संस्करण 2025 में पहली बार प्रकाशित

स्मृतियों में तुम फिर से...

आवरण पृष्ठ चित्रांकन : अर्पिता जादौन

ISBN 978-93-5543-739-6

सुषमा जादौन इस पुस्तक की
लेखिका होने की नैतिक ज़िम्मेदारी वहन करती हैं

मुद्रण व जिल्दसाज़ी : सौरभ प्रिंटर्स प्राइवेट लिमिटेड

अर्पिता जादौन

समर्पण

तुम्हारी स्मृति में लिखी यह दूसरी किताब तुम्हीं को अर्पण करती हूँ, क्योंकि तुम्हारी मुस्कान, तुम्हारा निष्पाप जीवन, तुम्हारी बनायी हुई, चमत्कृत करने वाली पेंटिंग और तुम्हारा अनमोल साथ अब हमारी जीवन यात्रा का पाथेय है। तुम सर्वव्यापिनी हो, तुम कीर्ति शालिनी हो। दिव्य-लोक में तुम अरुन्धति तारे की भाँति पूर्ण उजास के साथ अपने प्रकाश की छटा बिखेर रही हो। गगन के शब्द में, पवन के स्पर्श में, अगन के रूप में, नीर के रस में, धरा की सुगंध में तुम सर्वत्र हो। लो अर्पिता, तुम्हीं को समर्पित यह कृति - स्मृतियों में तुम-फिर से...

-सुषमा जादौन

अनुक्रमणिका

स्मृतियों में तुम फिर से...

भूमिका

'स्मृतियों में तुम' की द्वितीय खण्ड रूपी सुमनाञ्जलि डॉ सुषमा जादौन की अपनी प्राणप्यारी पाखी को समर्पित शब्दाञ्जलि है। जिसमें लेखिका ने निधि बिटिया की आजन्म स्मृतियों को नाना रूपों में रूपायित कर करुण-हृदयोद्गारों के रूप में अभिव्यक्ति प्रदान की है। आकण्ठ शोकमग्न मन को दिलासा देने का यह एक माध्यम है जो एक बेचैन माँ को ढांढ़स बाँधता प्रतीत होता है। सत्ताईस स्मृतियों का यह पुञ्ज क्रोञ्ची के करुण क्रन्दन से जन्मी वाल्मीकि की व्यथा तुल्य है। रामायण का आकल्पन बहेलिये के द्वारा क्रौञ्च वध से तड़पती कौञ्ची के हृदय विदारक करुण क्रन्दन और महर्षि वाल्मीकि के हृदयदलन से हुआ। यह भयंकर, अद्भुत, विस्मयकारी दृश्य कवि ने पहली बार देखा और उसकी करुणा विगलित होकर अनुष्टुप् में फूट पड़ी –

"मा निषाद प्रतिष्ठां त्वमगमः शाश्वतीः समाः।
यत्क्रौञ्चमिथुनादेकमवधीः काममोहितम्।।"

अरे बहेलिये, तुझे समाज हमेशा धिक्कारेगा। मैं शाप देता हूँ। क्योंकि तूने क्रौञ्च वध का जघन्य पाप किया है। महर्षि शोक मग्न सोचते रह गये, हे विधि! यह कैसा विधान है तेरा? निरपराध, आनन्द निमग्न, निरीह, निःशब्द पक्षी को ऐसा अदय दण्ड और बेचारी क्रौञ्ची पर वज्राघात। वो भी जीवन भर के लिए...। ब्रह्मवेत्ता के कलेजे को झकझोर देने वाला और मन मस्तिष्क को विचलित कर देने वाला क्रौञ्ची का क्रन्दन हर पल बेचैन किये हुए है। जैसे तैसे बोझिल कदमों से महर्षि आश्रम वापस लौटना चाहते हैं और 'रामचरित' को आकार देने की आकाशवाणी उनके श्रुतिपथ में प्रवेश करती

है। जो आदिकाव्य रामायण के रूप में प्रथम बार अवतार ग्रहण करती है। सच तो यह है कि काव्य की जननी करुणा है। कविता से फूटी है, उत्पन्न और पैदा हुई है। महर्षि की 'क्रौञ्ची' और लेखिका की 'पाखी' करुणा के निमित्त हैं, कारण हैं। उत्तर रामचरित में महाकवि भवभूति, सीता के लिए राम को बिलखते हुए देखकर कहते हैं – ''एको रसः करुण एव निमित्त भेदात्''।

काव्य में तो केवल रस केवल एक करुण ही है, वह निमित्त भेद से आठ या नौ रसों में बँट गया है, लेकिन सभी के मूल में करुणा ही निहित है। करुण का स्थायी भाव शोक है। अब ये 'भाव' क्या है? तो कहा गया– ''भवति इति भावः'' ये हर पल हृदय में पैदा होते रहते हैं, इसलिए इन्हें भाव कहते हैं। हमारे शान्त चित्त में जब कोई अनुकूल या प्रतिकूल घटना घटित होती है, तो हमारा हृदय विगलित या द्रवित हो उठता है, पिघलने-सा लगता है। शांत हृदयोदधि में अनन्त, असंख्य, असीमित तरंगें सुख दुःख के साथ उठने लगती हैं; पैदा व उत्पन्न होने लगती हैं। यही भाव हैं। ये संचरणशील होते हैं, अतः इन्हें संचारी भाव कहते हैं। ये सभी प्राणियों में विद्यमान रहते हैं। रसज्ञ मनीषी स्थायी भावों की संख्या नौ और संचारी भावों की संख्या तैंतीस मानते हैं। हर प्राणी में – रति, हास, शोक, क्रोध, उत्साह, भय, जुगुप्सा, विस्मय तथा शम् ये स्थायी रूप से विद्यमान रहते हैं। हमारे अन्दर तैंतीस संचारी भाव हमेशा संचरणशील या गतिशील रहते हैं, इसीलिए हमारा चित्त इनसे चंचल बना रहता है, ये हैं– निर्वेद, ग्लानि, शंका, असूया, मद, श्रम, आलस्य, दैन्य, चिन्ता, मोह, स्मृति, धृति, ब्रीडा, चपलता, हर्ष, आवेग, (घबराहट) जाड्य (जड़ता) गर्व, विषाद, औत्सुक्य, निद्रा, अपस्मार (स्मृति नाश या लोप), सुप्त, प्रबोध, अमर्ष (कोप) अवहित्थ (लज्जा के कारण हर्ष को छिपाना) उग्रता, मति, व्याधि (मनःसन्ताप), उन्माद मरण (मूर्च्छा प्राणगमन) त्रास और वितर्क (सन्देह)।

'स्मृति' भी एक संचारी भाव है जो भुलाया ही नहीं जाता। न्याय दर्शन की भाषा में कहा गया है– **''ज्ञातविषयं ज्ञानं स्मृतिः''** अर्थात् ज्ञात विषय को याद रखना या न भुला पाना स्मृति है। हम जन्म से लेकर आजीवन जो कुछ भी ज्ञान अर्जित करते हैं, चाहे वह आत्मपरक हो अथवा अन्यपरक। इसमें रिश्तों के ताने बाने से लेकर दृश्यादृश्य जगत का समग्र ज्ञानभण्डार स्मृति का विषय बनता है। इस कृति में लेखिका ने भी अपनी 'गौरैया'

(बिटिया) के जातसंस्कार से लेकर विदाई के क्षणों (अनन्त यात्रा) तक की यादें दो भागों में अपने आँसुओं की मसि में, भावों की कूची को डुबोकर हृदय में लिपिबद्ध किया है। पुनश्च शब्दों का आकार दिया है।

सत्ताईस नक्षत्रों की भांति ये सत्ताईस स्मृतियाँ विविध शीर्षकों के माध्यम से लेखिका को कुछ सान्त्वना अवश्य देती-सी प्रतीत होती हैं। उन्होंने मन बहलाव का साधन अपनी लेखनी को ही बना लिया है। ऐसा लगता है, नीलगगन में विचरण करती कोई माँ प्रत्येक नक्षत्र से जानना चाहती है कि तुमने मेरी पाखी को कहीं देखा है? कैसी है मेरी निधि बिटिया? अरे तुम सब तो मौन हो...! चुप हो...!

पुनश्च 'स्मृतियों में तुम फिर से' अश्रु की कथा देखिए - ''आँसुओं को थाम लिया है, पर वे तो एक नटखट शिशु की तरह शैतान हैं। कभी कोरों पर आ जाते हैं, कभी गालों पर और इतने जिद्दी हैं कि कभी-कभी टपक कर तन मन को भिगोते हैं।'' इसी तरह 'मौन जैसे बोल उठा।' 'फिर से तुम्हारी याद'। यहाँ लेखिका लिखती हैं - ''गुरुजी ने कहा उसकी ऊर्ध्वयात्रा को रोकर बाधित न करो।'' मैं खोरशेद की भाव नगरी की - **'जीवात्मा जगत् के नियम'** भी पढ़ रही हूँ । थोड़ा-थोड़ा भरोसा भी हो रहा है पर...! **'तुम मेरा आसमान हो'** अब एक माँ- बेटी की आत्मीय वेशभूषा को निहार रही है। कहती हैं - ''तुम्हारी चुन्नियाँ तो मेरी चुन्नी बन गयीं हैं। अपनी सी लगती हैं।'' वियोगी हृदय, विछोह के बाद हृदयांश की प्रत्येक वस्तु का संस्पर्श करता है, ऐसा मनीषी कहते हैं ।

'दशहरे की धूम।' 'तुम्हारे बिना दिवाली' के शीर्षक में भावाभिव्यक्ति कुछ ऐसी है - ''समय प्रवाह में बहते-बहते एक ठहराव सा आ गया है... पर अभी भी हंसी नहीं आती । तुम्हारे जन्मदिन पर जो सक्रियता थी, आज कहीं चली गयी है। अगला भाव है - ''सुकून पाने कहाँ जाऊँ मैं? भोपाल हाट, पूमपुहार, लोकरंग, सरस मेला, सिल्क फेब। काली बाड़ी का नवरात्रि मेला, छोटी-छोटी सिन्दूर की डिब्बी, चाबी के छल्ले, बाँस की टोकरी... साड़ियों की तो मैं विशेष मुरीद हूँ। मृगनयनी, रूपमती, दुर्लभ। तुम्हारे जाने से उमंग चली गयी। रंग भी चले गये। भावनाएँ बेनूर हैं।'' ये सब वस्तुएँ और स्थान निधि बिटिया के साथ जीवन्त हो उठे हैं। क्योंकि उसे यही प्रिय, रूचिकर थे। और फिर- 'बहने लगी मन की नदी' माँ बेटी से कह रही

है – "दो दिन से इतनी व्यस्तता रही कि तुमसे बातें नहीं कीं। तुम्हारी तस्वीर को चूमा नहीं। गले नहीं लगाया... कण्ठ अवरुद्ध है। फिर कहतीं हैं – नहीं कहानी नहीं, उसमें तो तुम हीरोइन हो। प्रसंग है– 'स्मृतियों में तुम' के विमोचन का महाविद्यालय में।

'हमारी शादी की सालगिरह' में लेखिका कहती हैं– मैंने तुम्हारी यादों के मोती को अपनी स्मृतियात्रा का पाथेय बनाकर सबको सौंप दिया। देखों ये थी– मेरी निधि। फिर लिखा – "एक साल हो गया"...! "पालनखेत और ऊटी की चर्चा। और रंगकर्मी अपूर्व शुक्ला का रेनबसेरा से महाप्रयाण।" **'अन्ताक्षरी और तुम'** याद आती हो । अनुपमा जी ने कहा है कि शायद उन्होंने अपने ब्रह्माण्ड में (चित्रों के माध्यम से) पहले ही अपनी जगह चुन ली थी। मैं तो अर्पिता के चित्रों पर वारी-वारी जाती हूँ। और शीर्षकों की नव्यता, काव्यात्मकता पर तो मुग्ध हूँ। **'मेरे बगीचे में बुलबुल आई'** शीर्षक दार्शनिक बन पड़ा है– सभी ज्ञानी ध्यानी कहते हैं कि जीवात्मा जगत् से आप सब कुछ देख सकते हो। **'जीवात्मा जगत् के नियम'** किताब में बताया है कि विस्पी और रत्तू बहुत खुश हैं वहाँ। माँ अपना मन बहला रही है कि मेरी अर्पिता भी खुश होगी...! 'फिर कहती हैं– फाइनली तुम दिख गयीं!' पर सोच रही हूँ, ऐसा तो नहीं हम दोनों ही किसी डायमेंशन में हों और इस जीवन के चित्र साथ में देख रहे हों। पर तुमने कह दिया कि आकाश में हो। पर मैं तो यही रह गयी धरती पर। फिर उदासी ने आ घेरा है और लिखना पड़ा– 'उदासी के बादल तुम दूर चले जाओ!'

"तुम दिव्यात्मा हो। तुम्हारी पवित्रता, तुम्हारी सुन्दरता, तुम्हारी शक्ति, तुम्हारी शांति और तुम्हारे सच्चे हृदय ने तुम्हें इतनी सामर्थ्य दी है कि तुम्हें जाने में क्षणभर लगा।"

अब बिटिया के स्कूल की यात्रा शुरू हुई और– तुम्हारी स्पेशल टीचर...! आज तुम्हारी टीचर सिनी गोयल को 'स्मृतियों में तुम' मिल गयी। दस बारह मैसेज में टूटे फूटे, बिखरे थर्राये से शब्द मिले । बस इतना समझ में आया कि पुस्तक के एक-एक शब्द में उन्हें तुम्हारे स्मरण का चलचित्र-सा दिख रहा है।

फिर बेटी के लिए दुआएँ करती हुई माँ... ममता में गोते लगाते हुए कहती है – "तुम सदा खुश रहना"!

प्रभु तुम कहाँ हो? किस नगर में, किस धरा पर हो? और मेरी बेटी? उसे कहाँ छोड़ दिया? तुम्हारे पास ही है न? उसका साथ कभी न छोड़ना...

बेटी के स्कूल में लेखिका – चीफ गेस्ट बनकर गयी हैं । उन क्षणों, उन पलों, उन लम्हों, उन यादों और स्मृतियों को देखिए तो सही – ''मैंने तुम्हारी इच्छा की, किसी से चर्चा नहीं की। पर चेतना मेडम ने मंच से घोषणा की तो मैं दंग रह गयी! क्या आध्यात्मिक बातें सत्य हैं? क्या तुम मुझे सुन रही हो? इस बार बहुत सर्दी है यहाँ। जरा ठीक से रहना। जीवन्त संवाद...।

जीवन की चुनौतियों के बीच कभी खुशी कभी गम के पल तो आने ही हैं, यह चिरन्तन सत्य है । ऐसा मेरा मानना है। **'बाँटो अपनी यादों से मुस्कराहटें'**... स्मृति में कवयित्री लिखती हैं – ''हर दिन अपने साथ एक चुनौती, खुशियाँ, साँसें लेकर आता है। उन्हें खुद ही जीना है। खुशी भी और चुनौती भी। अब माँ को फिर मोह ने ग्रस लिया है, अर्जुन की भांति। फिर वेदना, पीड़ा, बेचैनी, तड़प, पुकार, आहें, सिसकियाँ और हूक। सुषमा जी लिखती हैं– **''मेरा अनमोल सितारा''** कैसे बताऊँ सभी को कि– माँ के हृदय का यह टुकड़ा, यह अनमोल सितारा, यह सच्चा मोती कहीं खो गया है, उस माँ को वक्त चाहिए। मेरी गुड़िया, पिछले वर्ष के फोटो में कितनी स्मार्ट लग रही हो और मैं भी। अब तो मुझे तुम्हारी चिरविदाई ने मथ डाला है। संध्या पाठक प्रसंग हृदय को विकल कर रहा है। पूरा परिवार ही कर गया महाप्रयाण। माँ सोचती है, चलो मन को ढाँढ़स बंधाने कुछ चिट्ठी पत्री लिख डालते हैं। कुछ तो जवाब देगी मेरी पाखी... और लिखा – **मेरी पाती प्यार भरी**...।

इस बार फिर चौबीस फरवरी आ गयी। गोपाल चाचा और वासु भैया के आ जाने से तन और मन दोनों शांत थे। इस बार तुम्हारी पुण्यतिथि पर कन्याओं को भोजन पर बुलाया है। कन्याएँ आईं। दो स्लाट में, पहले सात फिर ग्यारह... गुड़िया सी, चिड़िया सी।

हॉल में उनकी हंसी गुंजायमान हो रही थी। तुम्हारी पसन्द की साबूदाने की खिचड़ी, भिण्डी, आलू मैथी, आईस्क्रीम और केक जैसी मिठाई सबने खाई। जब एक लड़की ने दुबारा साबूदाने की खिचड़ी मांगी तो हम खुश हुए।

अब सीधे मानवीकरण से प्रकृति चित्रण की ओर लेखिका के कदम बढ़ पड़े हैं... आप लिखतीं हैं – 'आवाजाही तितलियों की' स्मृति में – गुलाब के पौधे में फूल आ गये हैं। गार्डन, काली, लाल, ऑरेंज, सतरंगी तितलियों की आवाजाही का साक्षी है। आकाश धीर गम्भीर है । बादलों के काल्पनिक चित्र कभी मन को सान्त्वना की थपकी देते हैं; कभी आकाश को सूना छोडकर जाने कहाँ चले जाते हैं ? आहें, कराहें, पीड़ा, दर्द, गम के विस्तृत चित्र हैं। "जीवन एक यात्रा है।"

अब तीज–त्यौहारों पर लेखनी अटक कर रह गयी, क्योंकि जिगर के टुकड़े को यही आमोद के पल भाते थे। उसकी उमंगें नृत्य करने लगती थीं, सो – **तुम कौन से रंग में छिपी हो**? लेख में बेटी से बतिया रही हैं – "सोचती हूँ रंग गुलाल लाऊँ, पर तुम्हारी याद से यह विचार ठगा सा रह जाता है । फिर सोचती हूँ गुझिया, मठरी ही बना लूँ पूजा के लिए... पर तन और मन दोनों ने साफ इनकार कर दिया...। अग्नि तीव्रतर थी पर परिक्रमा पूरी की। (होली की) तुम गालों पर गुलाल **लगाकर** और **लगवाकर** कितना मुस्कराती थीं। एक दिन तुम्हारे पापा ने होली पर भांग खाने की ऐक्टिंग की थी, तो तुम बहुत टेंशन में आ गयी थीं।

अब लेखिका को ईश्वर की सत्ता पर ही शंका ने आ घेरा है और पूछने लगीं कि – "ईश्वर, तुम कहाँ हो? यहाँ वे लिखतीं हैं – "हाँ सारे शास्त्र, सारे साधु–सन्त, ईश्वरीय सत्ता में विश्वास रखते हैं। उनकी बातों से यह विश्वास तो हो गया है कि ईश्वर है। पर कहाँ? मौन विलाप बन्द हो जाए।

क्या फरिश्ते मेरे आस पास हैं? लेख में सुषमा जी लिखती हैं कि मैं महाविद्यालय के एन.एस.एस केम्प, भोजपुर में बौद्धिक चर्चा में शामिल हुई। मैंने अनुभूत किया और कहा– ईश्वर, देवदूत, फरिश्ते, एंजिल तुम्हारा धन्यवाद। यहाँ कम से कम कुछ तो सूकून मिला, एक अलग, परिवेश, वातावरण और नई ऊर्जा। हर रोज वही प्रार्थना में आप लिखतीं हैं – ईश्वरीय विधान सच है या मन को शांत करने का एक बौद्धिक प्रयास, समझ नहीं पाती। फिर भी विश्वास करने का मन होता है। उसका नया आसमान और मन की स्लेट पर नयी इबारत दिल को छू जाते हैं, पर मैं भूमिका का पहाड़ खड़ा नहीं करना चाहता हूँ, नहीं तो पाठक बोर हो जाएँगे। फिर देखिए तो सही– कहीं पढ़ा था कि ब्रह्माण्ड आपको आत्मा का उद्देश्य बताने के लिए

अकेला कर देता है। जीवन में आकस्मिक डिजास्टर आता है – कितनी कलियाँ खिलीं चमन में, खिलके फिर मुरझा गयी

विरहा के इस भोले मन को बार–बार समझा गयीं
दर्द हमारा दिल जाने या नैना खोये खोये...
हम कितना रोये...।

अन्त में दो क्षणिकाएँ जो बेटी ने कही थीं कि – **'मेरे बिना कैसे रहोगी माँ'**... और **'वह अनमोल इशारा'** में एक माँ को अपनी बेटी का पुराना लेटर पेड हाथ लग गया। खोला तो लिखा था –

खुश रहना मेरी दुआएँ हैं, जीना है तेरे बिना
भीगी भीगी मेरी निगाहें हैं, याद आएगी
लेकिन वो प्यार की बेबसी है।

लेखिका लिखती हैं– तुम मुझे खुश रहने रहने की दुआएँ दे रही हो, तुम्हारी राईटिंग में ये पंक्तियाँ शायद कोई फिल्मी गीत है। कुछ तो है जो आपको कोई संकेत, कोई प्रतीक, कोई सच्ची बात कह जाता है मन में... । मर्म भरी बातें फिर–

मेरे मन में जान उसी से है,
हाँ मेरी पहचान उसी से है।

मैं जो समझ गया, वो सब एक धोखा था, टूटी ये दिल की लड़ी। ये सभी कविताएँ प्यारी अर्पिता (निधि) बिटिया की उकेरी हुई हैं? आश्चर्य!

अन्त में सुषमा जी लिखती हैं– मैं तुम्हें ढेर सारा प्यार भेजती हूँ । बहुत सारा आशीर्वाद, ईश्वरीय शांति और खुशियाँ भी । तुम सदा खुश रहना बेटा, मुक्त आह्लादित, तितलियों की तरह उड़ती...।

'अब विलाप को विराम है।' में देखिए – ''तुम्हारे जाने का समय नहीं था बेटा पर हर रोज पेपर में ऐसा आघात पढ़ती ही रहती हूँ। लगता है जैसे सब कुछ तय है। निश्चित है। इसके उलटे ईश्वर, भगवान, परमात्मा के

अस्तित्व पर मन सवाल उठाता है! जबकि तुम्हारी यात्रा भविष्य में ईश्वरीय कही जाएगी।

जहाँ तक भाषा शैली और भावों की व्यञ्जना की बात है, तो रचना का सम्पूर्ण कलेवर सघन भावनिबन्धों में गूँथा गया है । प्रत्येक कल्प नई इबारत के साथ उकेरा गया है । कहीं भावों की प्रवणता है, कहीं ठहराव या, पड़ाव प्रतीत होता है । जैसे- **'सुकून पाने कहाँ जाऊँ'** या **बहने लगी मन की नदी**, ये निबन्ध घनीभूत पीड़ा का भाव लिए हैं, तो **''आवाजाही तितलियों की''** और **'मेरे बगीचे में बुलबुल आई'** बन्ध कुछ सहजता लेकर उपस्थित होते हैं ।

संवादात्मक शैली है किन्तु यहाँ वक्ता धरती का मूर्त पात्र है और श्रोता छायारूप, अदृश्य, अमूर्त । भाषा पर लेखिका का पूर्ण अधिकार है, मंजी हुई, कुशल लेखनी से एक-एक शब्द मोती बनकर झरता है। कहीं शास्त्रीय भाषा है, तो कहीं लोकजीवन से रंगी है। शान्त, नीरव और गम्भीर तरंगिणी की भाँति भाषा का प्रवाह मनोहर और मनोरम है। बड़े से बड़ा विज्ञजन और साधारण पाठक भी लेखनी की कलाबाज़ी से चमत्कृत होता है। मैं भी आपकी कलम का मुरीद हूँ। सुदीर्घ काल से। उर्दू, हिन्दी, संस्कृत और प्राकृत के साथ कहीं - कहीं नये मेहमान की तरह आँग्ल भाषा के शब्द भी आ विराजते है, जो सार्थक और सुघटित हैं, सुघड़ तूलिका के संस्पर्श से। अभिधा और व्यञ्जना ज्यादा प्रकट हैं; लक्षणा शब्दशक्ति की यहाँ जरूरत भी नहीं हैं। भक्तिभावधारिणी कवयित्री, मार्मिक, संवेदनशील और नाजुक शब्दों को घड़तीं हैं आत्मानुरूप। जीवन्तता और अर्थानुरूप शब्दाविष्कार इन संस्मरणों में सर्वत्र स्थान बनाये हुए हैं। धैर्य और लय के साथ निबन्ध गूँथे गये हैं - त्वरा या उतावलापन खोजने से नहीं मिलता। कोमल प्रकृति को यत्र-तत्र ससम्मान स्थान दिया गया है। भारतीय प्रज्ञा की दार्शनिकता सर्वत्र झलकती है। सर्वत्र मौलिकता है, कृत्रिमता नहीं। शब्दशिल्पी की शैली पर प्रश्नचिह्न खोजे नहीं मिलता। शब्दों का आचरण, व्यवहार और ढंग अनूठा है, जो स्वाभाविक ही है। विषयानुरूप भाषा मन्थर गति से प्रवह्यमान है। यह मेरी दृष्टि है। जहाँ तक आलोचना का पक्ष है, वहाँ लेखिका ने अपने निबन्धों में भावावेग के कारण हो अथवा अन्य निमित्त रहा हो, कुछ स्थलों और किंचित् परिमाण में अपने विचारों की पुनरावृत्ति या दोहराव का

आचरण किया प्रतीत होता है। किन्तु फिर भी सम्पूर्ण कृति एक ही बार में आमूल आद्योपांत पाठक को पढ़ने के लिए पकड़कर रखती है। इस द्वितीय स्मृति संग्रह को पढ़कर ऐसा प्रतीत होता है कि लेखिका को महामोह और विरक्ति ने जकड़ रखा है । इससे मुक्त होने के लिए सुषमा जी नाना आश्रय, ठाँव, ठिकाने, हेतु, घटक, कारक, मुकाम स्थल, छाँव, रचनाएँ, घटनाएँ, व्यक्ति, प्रतीक और अन्य ज्ञात अज्ञात ठौर खोजने निकल पड़ी हैं। सारे संगी साथी हैं, इतना बड़ा समाज और घर संसार है, पर मन को कहीं सुकून या चैन नहीं मिल पा रहा है। यह सच भी है। यह कृति, दर्शन की कसौटी पर देखिए...। साहित्य की कसौटी पर परखिए...। और साथ में लौकिक धरातल पर। तो जीत लौकिक पक्ष की ही होगी और लेखक भी इस लोक का ज्ञानवान पात्र है, सजग जीव है। उसकी मूल प्रवृत्ति उस पर हावी अवश्य रहती है। हम सब इससे अछूते नहीं है। इस संस्मरण का हिस्सा हैं। यह रचना तो माडल है। किसी कवि ने लिखा है –

विष वेदना के घूँट पिये जा रहा हूँ मैं,
फिर भी उसी को याद किए जा रहा हूँ मैं ।
आएगा कभी तो मेरे जीवन का वसन्त,
इसी आस पर जिये जा रहा हूँ मैं ।।

अतः कृति के प्रथित और विश्रुत होने की मंगल कामना करता हूँ । साथ ही लेखिका के स्वान्तः सुखाय के साथ सहृदय पाठकों के मृदु और कोमल भावों के समवेत होने की शुभाशंसा। सभी सुधी मनीषियों को सादर प्रणाम और अपनी इस अकिंचन लेखनी को विराम।

शमिति

–डॉ. एच.आर रैदास
पूर्व प्राध्यापक एवं विभागाध्यक्ष, संस्कृत
शासकीय हमीदया महाविद्यालय भोपाल

मेरे मन की...

तुम्हारी स्मृतियों की कथा एक पुस्तक में समा न सकी। एक माँ की भावनाएँ मन की मन में न रह जाएँ, इसलिए फिर से कही है स्मृतियों में तुम। 'स्मृतियों में तुम फिर से' वहीं से शुरू होती है, जहाँ से हमने उसे छोड़ा था। तुम्हारे जाने के बाद कभी तुम मुझे युवती दिखाई देती थीं, कभी किशोरी और कभी लकड़ी की गाड़ी चलाते हुए छोटी-सी गुड़िया। कभी पाँचवीं की छात्रा। कभी पहले जन्मदिन पर इठलाती नन्हीं अर्पिता। कभी साड़ी पहनने वाली युवती। तो पिछली स्मृतियाँ ऐसी हैं, जैसे फ्लैश बैक और वर्तमान में झगड़ा हो रहा हो, जैसे मन की स्लेट पर यादों ने डेरा जमाया हो व्यतिक्रम से। कोई नियम नहीं, कोई विधान नहीं।

अब ठहराव है, विश्राम है। धीरे-धीरे यादों की पोटली को खोला, उसमें से रेशमी, मखमली बचपन की यादें निकलीं, फिर तितली के परों पर बैठकर किशोरवय की स्मृतियाँ उड़ गयी... पाखी फरिश्तों की तरह आए और धीरज के साथ आज की अर्पिता के पल छिन साथ लाए। मन भीगा हर बार... पर अब विश्वास हो गया है मन को कि तुम हो। उस ऊर्ध्व आकाश में, जहाँ कोई दिव्य शक्ति तुम्हारे साथ है। अपनी माँ को तुम्हीं पंख भेजती रही हो न हर बार? या फिर तुम्हारे साथ आए देवदूतों ने ये पंख भेजे हैं। मैं अंधविश्वासी नहीं हूँ। पर घर, आँगन, दफ्तर और अनजानी जगहों पर मिलते पंखों ने मुझे देवदूतों की अनुभूति करवायी। यह मेरे विलाप को विश्राम में बदलने का ईश्वरीय उपहार बन गए हैं।

अब मन रागमय है। अर्पितामय है। करुण रस को शब्द मिले, भावना को अभिव्यक्ति, पाठकों को अश्रुमयी, माँ-बेटी की उज्ज्वल कहानी... जीवन में सुर सजे, भावनाओं को पढ़ने वाला और समझने वाला मिले, राही

को मंज़िल मिले और संघर्ष के बाद सफलता मिले हर किसी को। बस, यह पुस्तक यादों का उजला दर्पण है। उसकी यादों के साथ मुस्कुराने का प्रयास है यह किताब। आंसुओं में, छिपी हुई आशा है इसमें। मेरी प्यारी बिटिया को इतने दिन, बरस, पल, क्षण मेरे साथ रहने के लिए धन्यवाद। भगवान तुम्हें भी बहुत धन्यवाद मेरे जीवन में इतनी प्यारी बेटी भेजने के लिए...

पाठकों को सबसे ज्यादा धन्यवाद कि उन्होंने इसे पढ़ा। बाँचा। **'स्मृतियों में तुम–फिर से...'** आपके हाथों में है। माँ बेटी के इस बिछोह को फिर से अपने मन में जगह दीजिए। **स्मृतियों में तुम** को इतना प्यार देने के लिए आप सभी का धन्यवाद। जितनी बार भी कहूँगी- यही कहूँगी- सदा रहोगी मेरी स्मृतियों में तुम...

डॉ. सुधीर शर्मा, डॉ. शिप्रा द्विवेदी, डॉ. संगीता सक्सेना और प्रिय पुष्पेंद्र को आत्मीय, मर्मस्पर्शी टिप्पणी लिखने के लिए बहुत–बहुत धन्यवाद।

डॉ. रैदास सर ने पुस्तक की भूमिका लिखकर 'स्मृतियों में तुम–फिर से' को सार्थकता प्रदान की हैं। मैं उनकी आभारी हूँ। प्रसिद्ध साहित्यकार डॉ. आनंद सिंह ने अपनी समीक्षात्मक, भावुक और आत्मीय प्रतिक्रिया से 'स्मृतियों में तुम' को जैसे जीवंत कृति में बदल दिया है। उन्हीं के शब्दों में **'स्मृतियों में तुम–फिर से' रचकर मैं असाधारण महत्त्व की उजली आभा से आलोकित हो गई हूँ।** हृदय से मैं उन्हें भी धन्यवाद देती हूँ।

अर्पिता की स्मृति को फिर से कागज पर उतारने, आशा, प्यार, विश्वास जगाने में बेटे वेदांत, पति श्री एन.एस. जादौन के सहयोग को विस्मृत नहीं कर सकती हूँ। मन से उन्हें भी धन्यवाद देती हूँ। इस कृति को आकार देने के लिए मंजुल प्रकाशन, भोपाल की आभारी हूँ।

–सुषमा जादौन

स्मृतियों में तुम फिर से...

तुम्हारी स्मृतियों में जितना लिखूँगी, उतना कम है। एक पूरी किताब लिख डाली, फिर से बाँची तो मन के एक कोने से आह - सी निकली। निधि, अभी तो मुझे बहुत कुछ कहना है। अभी तो जैसे मैंने कुछ कहा ही नहीं। कोई पढ़े या नहीं, पर मेरा व्यथित मन शायद इसे लिखकर थोड़ा सुकून पाए... हाँ सुकून। मुझे पता है कि अब तुम कभी नहीं लौटोगी... पर ऐसा लगता है, जैसे तुम कहीं गयी ही नहीं हो। पहले एक माह, फिर तीन, फिर पाँच माह, आठ और 10-माह इसी तरह याद करते हुए एक साल बीत जाएगा तुम्हारे बिना। मेरी साँस, आस और प्यास में तुम्हारी खुशबू है बेटा। मैं इसी से महकूँगी। मैं जीवन के रास्ते पर चलना जारी रखूँगी। तुम्हारे साथ बिताए हुए पलों के सहारे...

इस बीच कितना कुछ घट रहा है, पर लगता है मन के संवेदना तार तो तुम्हारे जाने के बाद से झंकृत होना भूल गए हैं। ऐसा लगता है, जैसे इससे पहले कभी, किसी माँ ने यह दुख अनुभव न किया हो। लगता है- सारे संसार में एक अकेली माँ हूँ, जो अपनी प्यारी बेटी से बिछड़ गयी है। किसी के प्यार, किसी की अनमनी प्रतिक्रिया, अनचाहा अनपेक्षित व्यवहार, उदासीन, असहज, नकली, बनावटी सहानुभूति के बीच में एक सच्ची सहानुभूति का टुकड़ा देख आँखों में अश्रुकण झिलमिलाने लगते हैं। प्यारी सखी निवि ने सही ही कहा था कि आँसू भी गिनती के ही हैं। चाहे एक साथ बहा लो या... अब तुम्हारी याद के साथ साथ जीवन के साथ चलते रहने की आश्रय स्थली खोजती रहती हूँ। आँसुओं को थाम लिया है। पर वे तो एक नटखट शिशु की तरह शैतान हैं। कभी कोरों पर आ जाते

हैं। कभी गालों पर और इतने जिद्दी हैं कि कभी कभी टपककर तन-मन को भिगोते हैं।

आजकल मेरा वजन नॉर्मल हो गया है। तुम देखती थीं, रोज़ अपना वजन तो मैं भी भूलती नहीं। लगता है जीवन पटरी पर आ गया है। पर मन में इतनी उदासी क्यों है? क्यों मेरा मन तुम्हारे इस असामयिक अवसान को अब तक स्वीकार नहीं कर पाया है? उस दिन कॉलेज में पुस्तक चर्चा में तुम्हारे लिए लिखे शब्दों को बांच रही थी तो आवाज़ काँप रही थी मेरी... प्राचार्य डॉ. संजय जैन को धन्यवाद कि उन्होंने तुम्हारी चित्र - पुस्तक और मेरी लिखी-तुम्हारी याद की पूँजी, **'स्मृतियों में तुम'** पर चर्चा करने की अनुमति दे दी। इसी बहाने मैं तुम्हारे वियोग की पीड़ा अपने साथियों तक पहुँचा पाई। उनकी दृष्टि में अब थोड़ी ही सही, पर सच्ची, सहानुभूति है।

एक माँ और बेटी का संबंध तो हर माँ जानती है, पर एक पुरुष प्रोफेसर ने कहा कि ये स्मृतियाँ आपको संबल देंगी मेडम। मुझे यह डर था कि कोई भी यह न कहे कि दुख को ग्लेमराइज्ड कर दिया है, वैसा कुछ भी नहीं हुआ। अब सब कुछ सहज है। मेरे चेहरे की असामान्य उदासी किसी को चिढ़ाती नहीं। तुम्हारी चित्र प्रदर्शनी लगाना बहुत बड़ा और श्रम साध्य काम होता पर, यही काम तुम्हारी 70 पेंटिंग की कॉफी टेबल बुक ने कर दिया। 70 पेंटिंग की यह नयनाभिराम बुक कॉलेज के सभागार में पूरे स्टाफ के मध्य स्क्रीन बोर्ड पर दिखाई गयी। सब मौन थे। आंखों में प्रशंसा के भाव और शीर्षकों की, चित्रों की एक अनोखी दुनिया में खोए हुए। एक-एक चित्र जैसे रंगों की वाणी बन गया था। प्रकृति के अनोखे दृश्य... तूफान, मौसम, बरसात जैसे साकार हो गए थे। एक-एक चित्र कविता-सा गुनगुना रहा था। शीर्षकों की रागिनी बज रही थी। मेरा एक सपना है, किताबें बोल उठीं। धरती, तुम भी हँसो! ऐसा लग रहा था मानो, सभागार में अर्पिता की कूची से उकेरे चित्र अपने रंगों की विविधता और शीर्षकों की नव्यता से सबके मन पर छा गए हों। मैं मौन थी... नयन सजल थे मेरे।

मौन जैसे बोल उठा है

प्रिय अर्पिता,

यह कितनी खुशी का पल है। तुम्हारे बनाए चित्रों को कभी-कभी साथी प्रो. को दिखाती थी, उनके बारे में पूछती थी, पर अब तो सभी ने इन्हें देखा और मेरे नजरिए से पेंटिंग के बारे में जाना। तुम खुश हो ना? तुम्हारी यही इच्छा थी न कि इन चित्रों की एक प्रदर्शनी लगाई जाए?

देखो, ये बुक मामा के पास भी पहुँच गयी और चाचा के पास भी... मौसी, चाची और दादी के पास भी। संस्कृत के प्रो. तो तुम्हारी इस बुक पर कितने मार्मिक उद्‌गार व्यक्त कर चुके हैं। तुम्हारे बनाए इस रंग-संसार को उन्होंने अद्‌भुत कहा है। इन्द्रधनुषी संसार जो द्रष्टा को जोड़े रखता है। काश! मैंने पहले ही जाना होता कि तुम कितनी कितनी प्रतिभाशाली हो। तुम कितनी गुणवान हो। आज फिर से गूगल पर तुम्हारे हँसते, मुस्कुराते चित्र दिख रहे हैं क्रम से - किसी किसी चित्र में तुम साड़ी पहने हो, किसी में काला टॉप, किसी वीडियो में दाल बनाती हुई, किसी में हँस-हँसकर लोटपोट होती हुई... कहीं पर हम दोनों के बीच में बैठी हो साधिकार - प्यार और मुस्कान की स्थायी छवि बनकर- ये चित्र संसार मुझे रोज रुलाता है, पर इसे मैं सहेज लेती हूँ, अपने मन के एकाउंट पर... एक दिन सारे फोटो, सारे वीडियो देख डाले- बहुत पुराने। 2014 से पहले के भी फोटो हैं इसमें पर, अक्टूबर 2022 के फोटो देखते ही मन बिखर सा जाता है।

कभी सोचा ही नहीं था कि तुम अक्टूबर 23 में हमारे साथ नहीं होगी। तुम अपने नये घर मे हो न निधि? या फिर ईश्वर के पास? अभी भी इस

प्रश्न का उत्तर मुझे प्राप्त नहीं हुआ है। हे भगवान! पता नहीं, मुझे यह कहना चाहिए भी कि नहीं? सभी कहते हैं- उसे मुक्त कर दो। यह व्याकुलता, यह उदासी, यह विषाद उसे भी दुखी करेगा। पर, मैं क्या करूँ? तुम्हारी याद दिल से जाती ही नहीं।

फिर से तुम्हारी याद

जीवन को कहाँ पता था कि मस्त, प्यारी जिन्दगी को ऐसे विराम लग जाएगा। फरवरी 2023 में बिटिया क्या गयी जैसे रंग ही चले गये मन से। जैसे खुशियों को ग्रहण लग गया हो... जैसे मुस्कान ही छिन गयी हो अधरों से... काश! ये सब न हुआ होता। काश! तुम मेरे आँगन में रहतीं हमेशा। ससुराल जातीं, लौटकर आतीं पग फेरे पर। मेरे पास साड़ियों का जो इतना भंडार है। क्यों है? सोच रही हूँ। शायद मन में यही आस थी कि बेटी को और बहू को अपनी पसंद की नयी-नयी साड़ी दूंगी। मुझे कभी ऐसा लगा ही नहीं निधि कि तुम मुझे छोड़कर चली जाओगी। कितना उदास समय है ये... आँसू अब सूख चले हैं। जीवन को गति देना है – बेटे और पति के लिए।

कॉलेज में भी कुछ वरिष्ठ साथियों का व्यवहार अप्रत्याशित, रूखा और अजनबियों जैसा रहा। ईश्वर, क्या यह भी मेरा प्रशिक्षण है? इतने वर्षों के संबंधों की 10 दिनों में धज्जियाँ उड़ गईं? मैं अब अकर्मण्य हो गयी। हो सकता है, बेटी के वियोग में मुझसे परफेक्ट काम न बन रहा हो तो आपको थोड़ा धैर्य रखना था न? ये तो अच्छा हुआ निधि कि कॉलेज के अन्य लोगों ने मेरा साथ दिया। युवा उत्सव में किसी ने संचालन संभाला, किसी ने मंच सज्जा। तो कोई बैनर प्रमाणपत्र छपवाने चला, किसी ने कमेटी बनवा दी। युवा उत्सव के साथ-साथ हिन्दी दिवस भी मनाया गया। उसके बाद संवेदनशीलता के कई नये आयाम खुले। सहृदय साथियों ने संभाल लिया, मुझे और मेरी व्यथा को। सबने कहा कि आप उसे भूल तो कभी नहीं पाओगी, पर थोड़ा सा खुद को सँभालिए। दुख की जगह उसे, उसकी यादों को हँसकर अपने पास दुलारिए। देखिए – वह भी खुश होगी। निवेदिता का ज्ञान भी याद आया- सोचो, तुम्हारे दुख को देखकर उसका हृदय भी

तड़प उठे और वह न ही परमात्मा के पास जा पाए, न तुम्हारे पास आ पाए तो? फिर आध्यात्मिक गुरु शिवानी जी के यूट्यूब वीडियो, श्री श्री रविशंकर के ज्ञानात्मक उपदेश और डोंड गुरु की सलाह अब मुझे धीरज दे रही है। गुरुजी ने कहा कि 'उसकी ऊर्ध्व यात्रा को रोकर बाधित न करो। मैं खोरशेद भावनगरी की 'जीवात्मा जगत के नियम' भी पढ़ रही हूँ। थोड़ा-थोड़ा भरोसा भी हो रहा है पर...।

तुम्हारी याद आते ही ये सारे धैर्य-सूत्र विस्मृत होने लगते हैं। खुद पर ही नियंत्रण नहीं रहता।

13 अक्टूबर को तुम्हारा जन्मदिन है। तुम्हारे जन्मदिन पर कथा भी करवानी है। कजलीखेड़ा और दामखेड़ा के बच्चों को पोहा जलेबी भी खिलाना है। कोटरा से जीजी के नाती पोतों को बुलाना है और तुम्हारी बनाई कॉफी टेबल बुक का विमोचन भी होना है। मंजुल प्रकाशन से मेरी संस्मरण डायरी **'स्मृतियों में तुम'** भी आ गयी है। रैदास सर, पारे सर की स्वीकृति भी मिल गयी है, पर उसकी बनायी कॉफी टेबल बुक के इंदौर से आने में संशय था। देवर गोपाल की चुनाव में ड्यूटी लगने की आशंका से 12 अक्टूबर की आधी रात तक भी संशय बना रहा। रात एक बजे उनके आने पर चैन आया। हालांकि पहले उनकी प्रतीक्षा थी, बाद में केवल किताब की। जैसे ही कॉफी टेबल बुक हाथ में आई खुशी और ग़म दोनों की मिश्रित भावना से आँखों से आँसू बहने लगे। किताब, शब्द, चित्र और प्रस्तुति, भाषा और आकृति सब कुछ इतना सुन्दर कि क्या कहूँ? मेरी बिटिया की कृति - 70 पेंटिंग। सब एक से बढ़कर एक... उसके और हमारे फोटो का कलात्मक प्रस्तुतीकरण, जैसे मन के छालों पर मरहम लगा रहा था... गोपाल मुझे खुश और दुखी देखकर असमंजस में थे। कितनी मुश्किल से आ पाए, कैसे पुस्तक छपी, टाइपिस्ट ने क्या कहा... यदि ड्यूटी लग जाती तो भी किताब जरूर आती चाहे कुछ हो जाए।

बैंगलौर से तुम्हारा भाई विशेष अवकाश लेकर आया। तुम्हारे दूसरे चाचा ग्वालियर से आए। कजलीखेड़ा, दामखेड़ा के बच्चे राजा बेटा, रानी बेटी बनकर, विशिष्ट अतिथि बने। बिना नवरात्रि के भी कोई घर बुला सकता है, बच्चे अचंभित थे। पर हम टॉफी, समोसा, जलेबी और कॉपी पेन के साथ उनकी खुशी को जी रहे थे। शायद तुम भी खुश थीं। मुझे ऐसा लगा।

अखबार में तुम्हारा फोटो, स्मृति और जन्मदिन के शुभकामना - संदेश की मार्मिक प्रस्तुति के साथ छपा। इन्दुजी का फोन आया। पूर्णिमा चौधरी, अंजू, सपना ने भी अपनी मार्गदर्शक की बेटी को याद किया। बिना थकावट के किचिन, बैठक घर में सब कुछ करना था मुझे। हाँ, तुम्हारा जन्मदिन है ना निधि। क्रांति आंटी नहीं आ पाई। उनका स्वास्थ्य बहुत खराब है। पर जनजातीय संग्रहालय के डायरेक्टर डॉ. धर्मेन्द्र पारे आए। हमीदिया कॉलेज के संस्कृत प्रो. और हेड डॉ. एच. आर. रैदास भी। मेरे हाथ के बने गुलाब जामुन और लड्डू तुम्हे बहुत पसंद थे। मीठा कम खाती थीं फिर भी... तो खुश होकर ये सब बनाया और आमंत्रित अतिथियों को भाया भी।

पुस्तक के विमोचन पर सारे परिवार जन और साहित्यिक वरिष्ठजन एकत्र हुए। **स्मृतियों में तुम... आज़ाद हूँ मैं।** दोनों प्रतियों को हाथ में लिए हुए चेहरे पर उदासी मिश्रित खुशी थी। पूरा घर अर्पितामय है। तुम्हारी साड़ी वाली फोटो तेजसिंह ने फ्रेम करवा दी है। मोबाइल से भेजे हुए फोटो का एलबम भी बन गया है। वासु ने क्यूब के फोटो खींचकर स्पेशल फोटो बनाया है। फ्रेम होकर दीवार पर मुस्कुरा रही हो। तुम रेडियो के बगल में छोटी, स्पेशल नयी टेबिल पर विराजी हो। रैदास सर तुम्हारे लिए फूल लाए हैं। सभी ने तुम्हारी संक्रांति वाली फोटो पर चढ़ा दिए हैं, पर मैंने नहीं। मैं तुम्हें श्रद्धांजली अर्पित नहीं कर सकती। तुम तो मेरी आत्मा का अंश हो। आज तुम्हारा जन्मदिन है। तुम्हें जन्मदिन की अनंत शुभकामनाएँ बेटा। तुम खुद को कितना प्यार करती थीं और मुझे भी। मुझे तुम्हें देखकर, जब वी मेट की करीना याद आती है जो कहती है- मैं अपनी खुद की फेवरेट हूँ।

तुम्हारी किताब पर दोनों विद्वानों ने इतने सुन्दर भाव उद्‌गार व्यक्त किए हैं कि मैं भावविभोर हूँ। अच्छा हुआ कि आँखों में आँसू नहीं आए। अभी तो शाम बाकी थी। कोटरा से आयुषी, बुलबुल, सौम्या और तुम्हारी परी शिव्या भी आ गयी है। सभी बच्चों को पावभाजी, बड़ों को पूड़ी सब्जी खिला दी। तुम्हारे भैया चिंटू को आज तुम्हारी स्मृति वाली डायरी में कुछ लिखने की हिम्मत आई। पूरा घर महका रहा आज। आज तुम्हारा जन्मदिन है ना?

तुम मेरा आसमान हो

अब प्रिय निधि, में एक बिखरी सी भ्रमित और लक्ष्यहीन-सी माँ नहीं हूँ। मुझे समझ आ गया है कि कैसे आगे बढ़ा जाए! तुम्हारे इतने सारे कपड़े धीरे-धीरे बाँटना शुरू कर दिए हैं। पर ध्यान रखती हूँ कि जो भी पहने, प्यार से पहने। तुम्हारा गुलाबी लहँगा और यलो प्लाजो सूट मानसी पहनेगी। तुम्हारा पीच कलर का गाउन सुमित्रा की बिटिया करुणा। तुम्हारी सोनू दीदी की बेटी ने कौड़ी वाला गाउन पसंद किया है और वारी ने स्पेशल वेल्वेट कत्थई कलर का कुर्ता। तुम्हारी चुन्नियाँ तो मेरी चुन्नी बन गयी है। अपनी - सी लगती हैं।

तुम मेरे अस्तित्व की नींव थीं निधि। तुम मेरी ज़मीन भी थीं और मेरा आसमान भी थीं। तुम मेरा गुमान थीं। तुम मेरे लिए कुछ करने की प्रेरणा थीं। मुझे ईश्वर से एक शिकायत है। यदि कुछ सिखाना ही था तो दो तमाचे लगाते। इतना बड़ा दर्द क्यों दिया मुझे? जीवन भर उबरना कठिन है इससे।

मैं कॉलेज में अच्छा काम करना चाहती हूँ। पढ़ाना चाहती हूँ। पर तुम बहुत याद आती हो निधि। आज ही तुमने गूगल पर मुझे फ्लाइंग किस दिया है। बाय किया है, क्या ये मेरी इच्छा का सम्मान है? या फिर बस तकनीकी उन्नति का कमाल? हाँ, ठीक है। मैं मान गयी कि तुमने मुझे बाय कर दिया है, पर तुम हो कहाँ? क्या मुझे इतना भी जानने का हक नहीं? क्या एक माँ की यह इच्छा अधूरी ही रहेगी? तुम मेरी साँस हो, तुम मेरी आस हो बेटा। तुम्हें मैंने बहुत प्यार किया है। तुमसे बहुत प्यार पाया भी है। पता नहीं, तुम क्या सिखाने आई थीं मुझे? पता नहीं, खुद क्या सीख कर गयीं? मेरे प्रशिक्षण में तुम्हारा जाना क्यों लिखा था? रैदास सर कहते हैं,

अब निर्मोही बनो। आप दुष्यंत पर लिखना चाहती थीं न लिखिए। पर यह मोहपाश कैसे तोड़ूँ?

तुम्हारे इस असामयिक अवसान ने मुझे ही तोड़ डाला है। सब कहते हैं कि तुम खुश हो। मुक्त हो। मुझे भी यह पता चल जाए तो मैं भी जीना शुरू कर दूँ। हे परमात्मा, मैं एक दिव्यात्मा हूँ। मैं एक पीसफुल, शक्तिशाली आत्मा हूँ। आपका देवत्व, आपकी शक्ति और आपकी शांति के साथ मेरा प्यार, शुभकामनाएँ उस तक पहुँचा दीजिए भगवान! रोज यह प्रार्थना करती हूँ। यही दोहराती हूँ। मेरा घर स्वर्ग है। इस स्वर्ग जैसे घर में तुम्हारी स्मृतियाँ हैं। मेरा बेटा है। मेरे पति हैं। सब स्वस्थ हैं। प्रसन्न हैं। तुम्हारी प्यारी-प्यारी यादों के साथ जीते हुए अब हम वासु का विवाह करेंगे। खुश हो ना तुम? तुम्हारे लिए अच्छी सी भाभी लाऊँगी। तुम उसकी ननद कहलाओगी। फिर तुम बनोगी बुआ माँ। तुम खुश हो ना? प्यारी निधि, यदि ये अध्यात्म की बातें सही हैं तो प्लीज़ मुझे यह अहसास करा दो कि तुम खुश हो। मुक्त हो। नयी माँ के पास हो। या परमात्मा की गोद में हो। या ऊर्ध्व यात्रा पर स्वतंत्र, खुश जा रही हो। मेरी रिक्वेस्ट है- प्रभु तुमसे भी और अपनी बिटिया से भी।

दशहरे की धूम

आज दशहरा है। मन भर आ रहा है, लगता है अभी कार के पास खड़ी होकर साथिया बनाओगी। बेसन का लड्डू खाओगी, भले ही पसंद न हो। आज वासु ने जैसे ही खुशखबर सुनाई, वैसे ही तुम आँखों से बह निकलीं। सुबह से पाखी की प्रतीक्षा थी। गार्डन में दो-दो बुलबुल प्लेटों का मुआइना करने लगीं। खाया भी उन्होंने, जो भाया। लो निधि, तुम्हारी इच्छा पूरी हो गयी। भाई को शानदार जॉब... और मम्मी पापा को ढेर-सी खुशियाँ। हाँ, बस एक कमी है। तुम जो नहीं हो।

मेरी इस सूनी बगिया में एक बहू भेज दो। मैं उसी में तुम्हारी छवि देखूँगी। फिर मैं खुश हो जाऊँगी। मैं तुम्हारी कमी को दुआओं से भर दूँगी। अब यह संसार बड़ा प्यारा है। मेरा आत्मविश्वास लौट आया है। मैं गीत रच रही हूँ। कहानी भी। सृजन के सम्मान का समय आ गया है। आशा, उम्मीद, विश्वास, प्रेम, खुशी, सुख, आनंद, धैर्य और शांति का समय... यह समय मुझे आत्म-चिंतन की ओर ले जाता है। हम शरीर नहीं है, हम सब आत्मा हैं। हम अपना-अपना उद्धेश्य लेकर इस संसार में आए हैं। इस पृथ्वी पर सभी की आत्मा को प्रशिक्षण दिया जाता है। पर मेरा यह प्रशिक्षण बहुत तकलीफ दे रहा है। बेटी से वियोग ने भला मुझे क्या सिखाया? मैं तो आत्मविश्वास और दृढ़ता के अर्थ को ही भूल गयी हूँ। लगता है- मन के कोने में एक ओर बैठ जाऊँ जाकर। फिर देखूँ, इस विशाल यूनीवर्स को। कहाँ हो तुम ईश्वर? इसी ब्रह्माण्ड में? और वह कहाँ है? मुस्कुराती हुई, गुनगुनाती हुई, मेरी बिटिया। आसमान में ऊँचे, और ऊँचे कहीं जा रही है...

तुम्हारे बिना दिवाली

पता नहीं तुम्हारी दुनिया में क्या है? भगवान, प्रभु, परमात्मा, आनंद, सुख, मुक्ति, उड़ान... पर मेरी, हमारी दुनिया में तुम्हारी कमी का वितान छा गया है। तुम्हारे न होने से उमंग नहीं। तुम्हारे चले जाने से उत्साह नहीं। तुम्हारी यह यात्रा, सवालों की बाढ़ लायी है। कभी-कभी उत्तर मिल जाते हैं, कभी निरुत्तर रह जाती हूँ। आध्यात्मिक विचारों से... समय- प्रवाह में बहते-बहते एक ठहराव-सा आया है। पर अभी भी हँसी नहीं आती। तुम्हारे जन्मदिन पर जो सक्रियता थी, आज कहीं चली गयी। मन की उद्विग्नता चेहरे पर झलकने लगी। बहुत रोका, पर ये आँसू बरसने लगे। छलकने लगे। ईश्वर मुझे क्षमा करें। पर लॉ ऑफ कर्म, मुझे समझ में नहीं आता। आत्मा के प्रशिक्षण का यह पीड़ादायी रास्ता भी मेरी समझ के बाहर है।

मेरी स्मृतियों में तो फूलों से तोरण बनाती हुई मेरी बिटिया हँस रही है। मेरे साथ मठरी बनाती हुई, द्वार पर रंगोली सजाती हुई, गिट्स के गुलाब जामुन खाकर उंगली और अंगूठे से 'वाह' का साइन बनाती हुई, इस घर में दीयों में जगमगाती हुई निधि दिखाई दे रही है। कहाँ हो तुम निधि? हाँ, ठीक है। तुम खुश हो। तुम्हारे ईश्वर का आशीर्वाद और घर ज्यादा अच्छा है। पर इस घर का क्या? लोग कहते है, भूल जाओ। पर कैसे? कैसे भूलूँ उसे? उसकी याद को? उसके हंसते चेहरे को? उसकी भोली मुस्कुराहट को? उसके इस घर में बिताएँ क्षणों को? उन पलों को, जिनमें जीवन है। जिनमें आशा है। जिनमें उम्मीद है। सूरज ने आसमान पर टिकली लगाई है... आसमान सुनहरी आभा से जगमग उठा है। बहुत दिनों बाद मुस्कान आई अधरों पर। अब रात आएगी। अमावस्या का अंधेरा क्षितिज तक फैल जाएगा। पर हम दीप जलाएंगे। तुम्हारे बिना जलाएंगे। यह उम्मीद का प्रकाश

तुम तक पहुँचेगा निधि। तुम्हारी राहें भी जगमग हो जाएंगी। तुम्हारी माँ, पापा और भाई ईश्वर से तुम्हारी खुशियाँ ही तो माँग रहे हैं। तुम्हारा पिंक प्लाजो सूट में फूलझड़ी चलाकर 'हैप्पी दिवाली' कहना सुनकर पहले तो हँस पड़ती हूँ, फिर मन भर आया। कैसे समझाऊँ- इस माँ को? इस जीवन में तुमने मुझे इतना प्यार दिया निधि कि मैं यह अवसान पीड़ा का भार नहीं उठा पा रही हूँ। ईश्वर कृपा करो। मेरी प्रिय बेटी जहाँ भी हो, खुश रहे। प्रसन्न रहे। उसकी राहें, हमारे प्यार के प्रकाश से भरी रहें। उसके मार्ग का दीया आस्था के, उम्मीद के, अपनेपन के, हौसलों की, स्नेह की ज्योति से दमकता रहे। यही शुभकामना है निधि, तुम भी भगवान जी से हमारे लिए ऐसा ही कुछ माँग लेना। इस घर में तुम्हारी यादों के दीपक जल रहे हैं। खुशियों की लौ जगमग कर रही है। सब कुछ प्रकाशमय है। अब विलाप को विराम है। हमारी अपनी-सी है... तुम्हारे बिन दीपावली।

सुकून पाने कहाँ जाऊँ मैं?

तुम्हारी याद आते ही मन विह्वल हो उठता है। आज सभी मित्रों ने भोपाल हाट चलने के लिए इतना आग्रह किया कि मना करने पर भी मन दुखा और न जाने के कारण पर भी... पूमपुहार, लोकरंग, सरस मेला, सिल्क फेब, भोपाल हाट, भोजपाल मेला, यहाँ तक कि काली बाड़ी में लगने वाला नवरात्रि का छोटा-सा मेला भी मुझे बहुत पसंद है। छोटी-छोटी सिंदूर की डिब्बी, चाबी के छल्ले, बाँस की टोकरी, नये तरह के आइने देखना और खरीदना मुझे कितना अच्छा लगता है। साड़ियों की तो मैं विशेष मुरीद हूँ।

बाग, डाबू, प्योर सिल्क, बालूचेरी, विष्णुपुरी, धर्मावरम, काँचीपुरम, मधुबनी, कांथा, पटोला, डूपियन सिल्क और भी न जाने कौन-कौन सी साड़ियाँ? हर मेले में मेरी निगाह साड़ी स्टॉल पर अवश्य जाती है। और शायद ही कभी ऐसा हुआ हो कि एक भी साड़ी न खरीदी हो! पर पैसे बर्बाद करना मेरी मंशा नहीं। सो, धैर्य से सोच समझ कर वार्गनिंग कर सुन्दर-सी, अच्छी साड़ी लाना मेरा लक्ष्य रहता। उस साड़ी पर किसका नाम लिखा है, यह पता नहीं। पर कम-से कम मेरा नहीं। मैं तो तृप्त हो चुकी हूँ। बस, उपहार देने की तीव्र इच्छा से ये अनावश्यक, पर रुचिकर खरीददारी चलती-ही रहती थी। कई वर्षों से मृगनयनी छूट गया। रूपमती और दुर्लभ भी, तो ऐसे मेले ठेले ही जीवन की एकरसता में रंग भरते रहते हैं। पर, आज भोपाल हाट के लिए मना करने और सबके जाने के बाद बहुत रोना आया। निधि, तुम्हारे जाने से उमंग चली गयी। रंग भी चले गए। भावनाएँ बेनूर हैं, उत्साह-आँखें मींचे सो गया है। मैं अब नया कुछ भी नहीं खरीदना चाहती। कुछ भी नया नहीं... तुम्हारी स्मृति की लय में कलम की राह पर चलती जा रही हूँ। शायद मेरे आत्मविश्वास का सूरज आँख मलता हुआ उठ बैठे!

शायद मैं समझदार मन के साथ फिर से अपनी उसी दुनिया में लौट जाऊँ? शायद वही सुषमा फिर से जी उठे? पर तुम क्या थीं मेरे लिए, यह तो मैं खुद भी नहीं जानती। मेरी जीवन-यात्रा की धुरी, जिस पर लगातार चलते-चलते मैं थकी नहीं। आशा थी, कभी - न कभी मंज़िल अवश्य मिलेगी। साहित्य जगत में विशेष नाम का कोई मोह नहीं रहा, इसलिए साहित्यिक गोष्ठियों को विशेष आमंत्रण के बाद भी अवाइड किया। सतीश मेहता जी, उमेशसिंह जी, प्रो. प्रमोद चतुर्वेदी, सुधीर शर्मा जी और राजूरकर राज ने समय-समय पर साहित्यिक अवसरों पर आमंत्रित किया, पर मेरा लक्ष्य ये नहीं था। मैं एक सीधी सादी माँ और प्रोफेसर बनकर ही खुश थी। हम दोनों ही खुश थे न! तुम्हें याद है, जब हम दोनों स्वाति की शादी में गये थे? या फिर ब्रजेश की? कौन किस ड्रेस और मेकअप में अच्छा लगेगा, किसको कैसे तैयार होना है। हमें तीसरे की आवश्यकता नहीं थी।

आज मेरे जीवन में तुम नहीं हो, तो मैं इस अपूर्णता के दंश को गहरे तक अनुभव कर रही हूँ। लगता है जैसे दुनिया का हर रंग व्यर्थ है। हर सहानुभूति, हर समझाइश का सतही स्पर्श होता है मन को। मेरी तकलीफ़ कोई दूसरा जानता ही नहीं!

पर यह शिकायत बेमानी है। तुम तो मेरे साथ हो। तुम्हारी यादें, तुम्हारी बातें, तुम्हारी आँखों की चमक, तुम्हारी पेंटिंग की प्रशंसा में खुश होकर गले लगाने पर तुम्हारी आत्मिक प्रसन्नता, खुद किचिन में चाय बनाकर लाने का आत्मविश्वास और उम्मीदों का एक भरा पूरा आसमान सामने दिख रहा है। तुम्हारे नज़रिए से सूरज, चाँद, नदी, किताबें, झरने, समुद्र, बादल, आकाश, संसार, हवा, चिड़िया, दृष्टि ये सब तो मेरे आसपास है। तुम छोड़ गई हो मेरे लिए! इस प्रकृति - कोष को भर लूँगी मैं आँचल में। कुछ तो रचूँगी- शायद शब्दों की आशान्वित दुनिया...

अभी रेडियो पर गाना बज रहा है। ऐसा लग रहा है - तुम कह रही हो। **'अपने सुरों में मेरे सुरों को बसालो ये गीत अमर हो जाए'** यह गाना पहली बार सुन रही हूँ। इसके शब्द हृदय को भिगो रहे हैं। आशा, संगीत, प्यार की राह पर, चलने का द्वैत स्वर- जैसे कानों में रस घोल रहा हो। फिल्म भी कितनी अच्छी है- **जीने की राह क्या** यह संकेत है आगे बढ़ने का? कभी-कभी लगता है जैसे सब कुछ पहले जैसा ही है। वही शिक्षक

अभिभावक बैठक, वही कॉलेज चलो अभियान, परियोजना कार्य के लिए स्टूडेंट्स को समझाना, वही सीसीई के विषय देना, रविवार को प्रतियोगी परीक्षा में ड्यूटी करना, सप्लीमेंटरी छात्रों के आवेदन सत्यापित करना... कुछ भी तो नहीं बदला। बस बदला है तो मेरे जीवन का तुम्हारे साथ जीते हुए एक लघु कोना। इस लघुता में कितना कुछ था बेटा।

तुम्हारे होने से पूर्णता थी। तुम्हारे साथ से सम्पूर्ण थी मैं। तुम्हारे लिए, तुम्हारी खुशी के लिए कुछ भी करना, तुम्हें अनमोल मानकर तुम्हारी केयर करना, तुम्हें हर पल खुश देखना, सदा तुम्हारे आत्मविश्वास को बढ़ाना ये मेरी दिनचर्या का हिस्सा थे। तुम क्या गयीं, अब ऐसा लगता है- जैसे खुद से ही परिचय नहीं रहा। जैसे अंदर से कुछ मर गया हो। पर नहीं, इसे मरने नहीं देना है। ईश्वर मुझे यह शक्ति देना कि मैं अपने कर्त्तव्य ठीक से निभा सकूँ। मेरे पास जितना ज्ञान और शक्ति है, उसे इन विद्यार्थियों को दे सकूँ। मेरी निष्ठा में सबसे पहले मेरा यही कर्त्तव्य हो प्रभु!

आज 'सरकारी योजनाओं के क्रियान्वयन की कड़ी में स्कूल जाकर कॉलेज चलो केम्पेन की जानकारी दी। हम चार लोग गए थे। मेरी आवाज़ और आत्मविश्वास दोनों खुले। मेरी खुशी, हंसी तो तुम थीं, 'पर 'सामान्य चर्चा' में अब सहज होना चाहती हूँ। आजकल गार्डन में चिड़िया नहीं है। शायद दिसम्बर में उनकी नींद देर से खुलती हो? या फिर पेड़ के पत्तों में छिपकर लुका छिपी खेलती हों। तुम आओ, तो हम आएँ... मैं तो रोज ही दाना, पानी रखती हूँ... हाँ, दरवाजा खोलकर घंटों तुम्हें ताकना बंद कर दिया है। अच्छा नहीं है, अपनी खुशी के लिए किसी को खाना खाते, उड़ते, लड़ते घूरते रहना। अगर गिलहरी से तुम्हारा झगड़ा हो गया तो मैं कौन होती हूँ यह देखने वाली? या फिर तुम्हारा मन हो, पानी भरी उरली में पंख फड़फड़ाकर नहाने के उत्सव को मनाने का, तो मैं क्यों इस मेले की साक्षी बनूँ? तुम्हारा प्लेट प्लेट जाकर अपना मनपसंद खाना खाते देखकर मुझे हर्षित होने का क्या हक है? तो तुम जब भी गार्डन में आओ, तुम्हारा स्वागत है- पक्षी संसार।

तीन दिन पहले फिर एक हीरा खो गया। हाँ, सच में। शिक्षक अभिभावक बैठक में कागज संभालते-संभालते अंगूठी का ऊपरी हिस्सा चुभा। देखा, तो लॉक खुले हैं और डायमंड गायब... पर न रोना आया, न

हड़कंप मचा मन में। न घबराहट हुई। न विभाग में सफाई कर्मचारियों से कुछ कहा, न स्वयं ही जगह-जगह छान मारने का कोई उपक्रम किया। हाँ, एक दो बार देखा अवश्य... यह वही अँगूठी है, लॉकडाउन में जिसका हीरा खो गया था और श्रद्धा, सबूरी से मिल भी गया था। पर ख्याल आया कि यह मेरी आत्मा के प्रशिक्षण का एक तरीका है। मेरा कीमती हीरा तो कब का खो गया। इसे ढूंढने का प्रयास करूँ, शायद पलंग पर, किचन प्लेटफार्म पर, एसी सभागार की टेबिल के नीचे मिल भी जाए पर... मेरे मन का डायमंड तो अनंत आकाश में विलीन हो गया। मेरा अनमोल, बहुमूल्य, कीमती हीरा... इसलिए नो खोजबीन... ना रोना धोना, न शिकवा न शिकायत... बस बेटे को जरूर बता दिया। अब, आध्यात्मिक ज्ञान से इस कड़ी को जोड़ रही हूँ। कोई तो बताए कि ये सब क्यों है? क्या यह कोई संकेत है? मुझे तो उसके मुक्त होने, इस धरती से भी ज्यादा खुश होने के संकेत प्राप्ति की आशा है...

बहने लगी मन की नदी

दो दिन से इतनी व्यस्तता रही कि तुमसे बातें नहीं की। तुम्हारी तस्वीर को चूमा नहीं, गले नहीं लगाया... मन रात से ही व्याकुल है। गला भर आया है। कंठ अवरुद्ध है... हास्य व्यंग्य की रीलें देखकर चिढ़ हो रही है।... आज भी गूगल ने तुम्हारे चित्रों की एक शृंखला दिखाई है... मन की नदी में हलचल-सी मच गयी है। तुम कितनी प्यारी, कितनी सुन्दर, कितनी ऊर्जावान लग रही हो। हर फोटो में। कोई तस्वीर 2017 की है, कोई 18, या 2019 की... लगता है यह साथ सदा से था। मुझे अपना बचपन याद नहीं आता। तुम्हारा आता है। उसमें कितनी उमंग है, कितना उछाह है! सांसों की आवाजाही का प्यार भरा उत्सव है। तुमने एक बार ममता का अर्थ पूछा था ना, अब समझ में आया है। यह राग, अनुराग, प्रेम और वात्सल्य नहीं है। यह एक ऐसा भाव है, जिसमें ये सब समाए हैं। मैं इस ममत्व का सम्मान करती हूँ निधि...

तुम्हारे मोह में अपना व्यक्तित्व भी बिसार दिया है। तुम समझाओ ना मुझे। तुम्हारी माँ अब हँसती नहीं। गाती नहीं। कविता नहीं रचती। लोग तो कहते हैं कि कविता पीड़ा की तस्वीर है। दर्द की आवाज़ है। पर अब कविता नहीं बनती। सच तो यह है कि मैं कुछ बनाती ही नहीं। दर्द जब आँखों से छलक उठे और पीड़ा जब हिचकियों में बाहर आए, तकलीफ़ जब खुद सिसक उठे और व्याकुलता व्यग्र होकर एक कोना थाम ले, तब इस डायरी में कुछ कहने से धीरे-धीरे मन की व्यथा के रेत-कण बिखर कर अपनी जमीन तलाश लेते हैं और मन में हल्की-सी शांति आती है। **'स्मृतियों में तुम'** के पीछे यही रेत गाथा है। पर अब भी मैं वहीं खड़ी हूँ, जहाँ से रास्ता शुरू किया था-

अभी भी तुम्हारी यादों में, आँखों के भीगने पर चौंक उठती हूँ। अभी भी रात में आधी नींद के बाद खुद की सिसकियां और खारे पानी के स्वाद से बेचैन हो जाती हूँ। आज भी जीव, जगत, आत्मा, राग से मुक्ति, मोह की निंदा और कर्मों की गहरी, आध्यात्मिक बातों के आधे सत्य, आधे झूठ पर भी रोना आता है। यह मेरी कमी ही है शायद... पर मेरे जीवन में तुम्हारी अहमियत कोई नहीं समझ सकता। सभी चाहते हैं, अब विलाप बंद हो... हाँ, अब यह रोना धोना दिन रात का नहीं है। अब तो सृजन के नाम पर यही एक डायरी है जो मुझे मेरी मनःस्थिति को खुद से कहने का प्लेटफॉर्म है। मैं आस्था, श्रद्धा और आस्तिकता पर भरोसा करती हूँ। कीर्ति मेडम ने भी पुस्तक चर्चा में कहा था कि यह श्रद्धा, सबूरी बनाए रखिए सुषमा जी। संचालन करती हुई मेडम डॉ. वर्षा चौहान को जब छुपकर रोते देखा, तब मैं जान गई थी कि यह **'स्मृतियों में तुम'** केवल अर्पिता या सुषमा की कथा-यात्रा नहीं है। यह हर माँ की कहानी है जिसने पल-पल अपने बच्चे को अपने अंदर जिया हो। इला मेडम ने भी पूरी पुस्तक के सार रूप में बसंत और पतझड़ के वृक्ष – चिंतन का उल्लेख किया था। उन्होंने पूरी रचना में एक माँ की अपनी बेटी के साथ जी गयी यात्रा को बहुत मार्मिक कहा। डॉ. गरिमाजी ने भी कहा था कि यह कहानी नहीं है। एक माँ की आह है। पर सुषमा मेडम, अभी भी घर के एक कोने में छोटी-सी खुशियाँ छिपी हैं, उन्हें सहेज लो। रैदास सर की संवेदना के बारे में तो क्या कहूँ निधि। तुम्हारी पुस्तक **'आज़ाद हूँ मैं'** के बारे में तो इतनी सुन्दर-सुन्दर भावनाएँ व्यक्त कीं उन्होंने कि मेरी कहानी फीकी पड़ गई। नहीं कहानी नहीं, उसमें तो तुम हीरोइन हो। मेरी किताब पर तुम तो छा गईं। बिल्कुल बेटू की शादी जैसी। उन्होंने लिखा है कि... अर्पिता भी पूर्ण उजास के साथ अपने प्रकाश की छटा बिखेर रही है और उस लोक को आलोकित कर रही है, जिसे हम दिव्य लोक कहते हैं।

अध्यक्षीय उद्बोधन में प्राचार्य जैन सर ने भी **इस कृति को भावनात्मक और मानवीय संवेदनाओं की मार्मिक अभिव्यक्ति बताया।** साहित्य में करुणा जैसे भाव अपना एक महत्त्वपूर्ण स्थान रखते हैं। इस भाव की सच्ची और श्रेष्ठ अभिव्यक्ति **'स्मृतियों में तुम'** रचना है। **'आज़ाद हूँ मैं'** अर्पिता के बनाए चित्रों का एक अनूठा संसार है। जिसमें उनके 'शब्द' रंग और

चित्र बन गए हैं। भविष्य में यही रचनाएँ लेखिका का संबल बनेंगी। उन्होंने सहृदयता और व्यथा को बाँटने की भी बात कही। पुस्तक चर्चा के बाद मेरी आँखों में आँसू थे, पर पता है निधि, सबने तुम्हारी, मेरी किताब के साथ फोटो खिंचवाया। तुम तो छा गईं!

पर आजकल मन की वीणा के तार सुप्त हैं। अब इस मन में तुम हो, तुम्हारी याद है। तुम्हारे साथ बिताए हुए पल हैं... सो, कविता नहीं रची। रचती तो कुछ भी नहीं मैं। ये तो बातें हैं, जो मैं तुमसे करती हूँ। तुम्हारा उत्तर नहीं मिलता। पर मुझे बताया गया है कि तुम सब सुन रही हो। तो फिर सुनो, मैं तुम्हें कभी नहीं भूल सकती। मेरे इस छोटे-से दिल की दुनिया की राजकुमारी, मेरी प्यारी बिटिया रानी, मेरी गुड़िया, मेरी प्यारी बेटी। मेरे प्यार को भुला न देना बेटा। मेरी याद को भी नहीं। तुम्हारे पास हेंगआउट, मोबाइल होगा ना? भगवान की विशिष्ट शक्ति वाला। तो मुझे याद रखना। देखना कभी-कभी। पर बेटा, मैं हँसती नहीं। हँसी आती ही नहीं। सर्दियों में होंठ फटने पर हंसी आने पर जो दर्द होता है न, वैसा लगता है। सब कुछ नकली-नकली... पर तुम उदास मत होना। मैं अच्छे से खाने लगी हूँ। अब पढ़ा भी अच्छा रही हूँ। तुम विभाग में भी साथ रहती हो मेरे।

निवेदिता ने **'स्मृतियों में तुम'** की खूब तारीफ की, पर स्मृतियाँ को मोह-पाश बनाने की आलोचना भी की है। अब मुझे नयी कक्षा में आ जाना चाहिए। ऐसा नहीं कि सब कुछ पढ़कर भी फेल हो जाओ। हाँ, मुझे पता है। स्मृतियाँ मोह-पाश होती हैं। पर बेटा, मैंने तो तुम्हें तभी मुक्त कर दिया था। माँ की अनंत शुभकामनाओं के साथ... कब? याद नहीं आया। जब अर्पिता-स्मृति में कोई भी दो -शब्द लिखने की हिम्मत नहीं कर पा रहा था तो सबसे पहले मैंने लिखा था, फिर तुम्हारे ताऊ ने। तो जादौन फैमिली की पूज्या आज, बस इतना ही। फिर मिलते हैं। ठीक है ना?

हमारी शादी की सालगिरह

बहुत दिनों के बाद परीक्षा में डयूटी लगी है। आज हमारी मैरिज एनिवर्सिरी है। एक तरफ 37 वर्ष के वैवाहिक साथ की खुशी है, वहीं दूसरी ओर तुमसे बिछड़ने की पीड़ा... अंतर कसक रहा है। मौन होकर बहुत कुछ कहता है मन... आज सुबह हेमलता और येसुदास का गीत विविध भारती पर बज रहा था। मन को छू गया गीत... **तू जो मेरे सुर में सुर मिला ले, गीत गा ले, तो जिंदगी हो जाए सफल...** तुम्हारा साथ इस जीवन की लय का सुर था निधि। अब बेसुरी होकर कैसे जियूँ? तुम्हारी स्मृति की आवाजाही इन साँसों की संजीवनी है। कंठ अवरुद्ध हो जाए, आँखें छलछला उठें, मन कोरी स्लेट बन जाए, पर यह विस्मरण संभव नहीं।

कल तो एक गीत ने रुला ही दिया। **छोड़ बाबुल का घर, आज पी के नगर मोहे जाना पड़ा।** गीत के शब्द मन को मथ रहे थे। ऐसा लग रहा था, जैसे तुमने ही यह संदेश मुझे भेजा है। जैसे तुमने मुझसे यह कहा हो कि ''माँ, मेरा असली घर तो ये है। मेरा डोला यहाँ से आ गया, तो मुझे जाना ही था न! बचपन की सखियों को छोड़कर, बाबुल की गलियों को छोड़कर जाना पड़ा। पर माँ, तुम चिंता न करो। यहाँ पर चारों तरफ अनुराग है। शांति है। खुशबू है। खुशियाँ हैं।'' मैंने तुम्हारी यादों के मोती को अपनी स्मृति-यात्रा का पाथेय बनाकर सबको सौंप दिया। देखो, ये थी मेरी निधि। ये थी मेरी बिटिया। ये थी मेरी अर्पिता। इसके बनाए चित्रों को एक बार तुम देखो तो सही। देखो, कितना उल्लास है इनमें। कौन कहता है कि तुम्हारे पास जहान नहीं था? दृष्टि और सोच नहीं थी?

मैं कहाँ समझ पाई थी तुम्हारी सर्जना! मैं नहीं जान पाई थी ये चित्रों की दुनिया, मेरे पास अमूल्य निधि छोड़कर जाने के लिए रची जा रही है।

काश! कहीं से यह संकेत मिल जाता कि यह सफर अंतिम है। यह साथ बस इतना ही है। यह जीवन सच में एक बुलबुला है। फिर मैं और ज्यादा साथ रहती तुम्हारे। और ज्यादा प्रेम करती तुम्हें। और ज्यादा ध्यान रखती तुम्हारा। अब तो तुम अपनी दुनिया में मस्त हो, व्यस्त हो और हम अपने संसार में। पर एकांत में यह विरह - पीड़ा जोर-जोर से बोलने लगती है। व्यथा को सामने देख पाती हूँ मैं। 'स्मृतियों में तुम' लिखकर भी बहुत कुछ शेष रह गया है। किसी ने यह सुनकर कटाक्ष भी किया है कि माँ तो रामायण भी लिख सकती है। पर तुम्हारे भाई ने कहा है कि लिखो माँ। दीदी की यादें भुलाने के लिए नहीं हैं। मुझे तो सपने में दिखती ही रहती हैं। कभी मौन हैं। कभी बतियाती हुई। पर हर दम खुश... उसकी भी आँखें भीग जाती हैं।

परसों नीरजा फिल्म देखकर अंत में हम माँ बेटा ऐसे ही बिलखे। नीरजा की तरह मेरी बेटी ने कोई बहादुरी का काम नहीं किया है, पर शबाना आजमी ने अपनी बेटी की शहादत पर इतने भोलेपन से अपनी बिटिया का गुणगान किया कि मैं रो पड़ी। बहुत दिनों बाद बिलखकर... सच में, मेरी बिटिया का जीवन इतनी मासूमियत से भरा था, इतना भोलापन, इतनी सच्चाई, रिश्तों में ईमानदारी कि उसका जाना अविश्वसनीय- सा लगता है। तुम्हारे भाई ने मुझे चुप करवाया, पर नीरजा की तस्वीर के साथ भाइयों को रोता देखकर वह भी रोने लगा।

एक साल हो गया!

जैसे जैसे दिसम्बर खत्म हो रहा है। रेत हाथ से फिसलती जा रही है। आज सीढ़ियों पर बैठी तुम और तुम्हारे भैया का एक फोटो गूगल ने दिखाया। उस पर लिखा था एक साल हो गया। डेट पर निगाह गई- 22 दिसम्बर 2022 आह-सी निकल गयी मन से। एक साल पहले, तुम्हारा फोटो- कितना प्रतीकात्मक है। सीढ़ियों पर भी भला कोई फोटो खींचता है? तुम हमेशा की तरह पैक हो, स्वेटर, मफलर में। चश्मे पर लाइट के दो बिंदु चमक रहे हैं। पर साथ में तुम्हारी मुस्कान भी चमक रही है। क्या पता था यार, ये तुम्हारी आखिरी सर्दी है। गाजर का हलवा खिला देती बना कर... तुम्हारे पुराने विद्यालय ले जाती तुम्हें। जवाहरलाल पब्लिक स्कूल, सर्वोदय पब्लिक स्कूल... तुम्हें गिफ्ट में इतना प्यार देती कि अपनी नयी दुनिया में जन्म-जन्म तक तुम ईश्वर के साथ इस माँ के प्यार को भी याद करती। कभी-कभी तुम्हारे कहने पर कॉलेज की छुट्टी करती- बिना किसी कारण के...

तुम्हारे साथ पेंटिंग में रंग भरती। अन्ताक्षरी के कुछ और दौर होते। तुम्हें रोटी बनाने की ट्रेनिंग के बजाय हम कहीं ट्रैकिंग पर जाते... कहीं ऐसी जगह जहाँ तुम्हारा मन, दृष्टि और आशाएँ उड़ना चाहती थी। तुम 'राजा हिन्दुस्तानी' फिल्म देखकर पालनखेत देखना चाहती थीं। तुम्हें 'इत्ता सोणा तुझे रब ने बनाया' गाना बहुत अच्छा लगता था। उसके साथ पालन खेत के दृश्य भी... तुम 'इश्क' फिल्म को देखकर ऊटी भी जाना चाहती थी... पर हम कभी कॉलेज की व्यस्तता, कभी अस्वस्थता और कभी बिना किसी कारण के ये सब प्रोग्राम बना ही नहीं पाए।

तुम्हारे साथ जितनी बार भी शिर्डी गए, हमने वहाँ सुख, शांति और आनंद पाया। हे साईं, हाथ जोड़कर मेरी तुमसे प्रार्थना है कि मेरी बेटी की

राहों में प्रकाश हो, उजास हो, आकाश हो, आस हो। उम्मीदों का आसमान हो, एक नया जहान हो, मुक्ति हो, खुलापन हो, शांति हो, मुस्कुराहट हो, धैर्य हो। चिर-शांति हो। एक नदी मन की वहाँ भी बह रही हो। जिसे तुमने अपनी तूलिका में रचा है। एक सागर मौन-सा वहाँ भी लहरों में नाच रहा हो, जिसे तुमने अपने स्मृति - कूची से उकेरा है। एक तृप्ति का आँगन हो, जिसमे रिश्ते के नन्हें-नन्हें पौधे खिल रहे हों- तुम उन्हें अपनी खिलखिलाहट के जल से सींच रही हो।

एक सपनों का घर भी हो तुम्हारा। जिसमें वह सब हो, जो तुमने यहाँ पर छोड़ा है और वह भी, जो तुम पाना चाहती थीं। जो तुमने चाहा, जो तुम चाहोगी, वह तुम पाओ। यही इस माँ की शुभकामना है। ईश्वर से प्रार्थना है, विनती है। रिक्ति को पूर्णता मिले, अनगढ़ को स्वरूप मिले, मौन को स्वर और विलाप को धैर्य... यही आस है मन में।

आज एक युवा रंगकर्मी की असामयिक मृत्यु ने झकझोर डाला है। अपूर्व शुक्ला उसका नाम है। रैन बसेरे में गुमनाम जिंदगी जीते-जीते कल इस दुनिया को अलविदा कह दिया उसने। 3 वर्ष पहले वकील माँ इंदिरा शुक्ला और एक वर्ष पहले पिता का साथ छूट गया था। संवेदनशील मन अवसाद में चला गया। मौसी के अपने साथ चलने के साथ आग्रह को ठुकरा दिया। अपने दुख से जूझते-जूझते कब, कहाँ, कैसे रैन बसेरे में पहुँच गया, किसी को नहीं मालूम। आज की दुनिया में किसी को किसी की परवाह नहीं। फिर बसेरे में तो बेघर और गरीब लोग सोते हैं। सो गरीब लोगों की मन:स्थिति की किसे परवाह? हाँ, छत, भोजन और कंबल की कमी नहीं रहती, पर मन, तन और जीवन की आधि, व्याधि से हार गया अपूर्व। मैं उसे नहीं जानती, पर मंच पर ड्रामा करने वाले के जीवन की इस पटकथा पर पर मौन हूँ।

यह बात तुम्हें क्यों बताई? इसलिए कि कहीं मैं तुम्हारे वियोग में डिप्रेशन में तो नहीं हूँ। कहीं जीवन से मुँह मोड़कर गलत तो नहीं कर रही हूँ। अवसाद न हो, इसलिए लिखती हूँ। कहती हूँ। बह जाने देती हूँ। तुम समझ रही हो ना? उस दिन सिल्क मेले में नहीं गयी पर साइंस सेंटर और जनजातीय संग्रहालय का शैक्षणिक भ्रमण, जरूर पूरा किया। 24 स्टूडेंट्स के साथ हम 6 प्रोफेसर गए थे। यदि 1 प्रोफेसर कम भी होता तो कोई फर्क

नहीं पड़ता। पर साथी प्रोफेसर बहुत अच्छी हैं अर्पिता। सब मुझे विशेष आग्रह से ले गयीं। तुम्हारे बिना इस जीवन की गाड़ी को चलाना तो है न? पर कितना कठिन है।

अब इस बार की स्मृतियों में कहानी है एक माँ की यात्रा की। कठिन पथ पर चलते रहने की यात्रा। चाहे तुम्हारे बिना दिन बिताना हो या रात की गहरी खामोशी में तुम्हें याद कर मुस्कुराना, सिसकना, तकिए में मुँह छिपाना। यादों की छोटी-छोटी घड़ी हम दोनों के बीच कूद कर आ जाती है। कितनी-कितनी देर तक हम बतियाते। तुम्हारे पापा बोर होकर तुम्हारे कमरे में चले जाते। तुम उनसे झूठमूठ गुस्सा करती- ''पापा, मेरे पलंग पर मत सोना। मैं आती हूँ''। मेरी नींद में अगली सुबह का आशा-संसार बचा है। पर पूरा का पूरा दिन तुम्हारी स्मृतियों के अहसास में बीत जाता है। ये अहसास पंख जैसा है, रुई के गोले जैसा है। इतना हल्का, इतना मासूम, इतना प्यारा कि दूसरे काम भी इस अनुभूति के साथ पूरे हो रहे हैं।

कुछ कर्त्तव्य-बोध से, कुछ अनमने ढंग से, कुछ जरूरी होने के कारण... पर पलकों में तुम्हारी स्मृति की अनगिनत छवियाँ सजी हैं... मोबाइल हाथ में लेकर हँसते-हँसते लोटपोट हुई जा रही हो। दीपावली पर भाई को शुभकामनाएँ भेजते हुए, मुझे केक खिलाते हुए, ढोलक बजाते हुए, ट्रेन में भाई-बहन के सहज वार्तालाप का वीडियो, डांस करते हुए कुछ छवि मोबाइल में हैं, कुछ मन में, कुछ आंखों में। मोबाइल में दिखते ही हर क्षण, हर पल जैसे वर्तमान बन जाता है। ऐसा लगता है कि, तुम यहीं हो। हमारे पास, हमारे साथ। दुपट्टे को कमर पर सलीके से बाँधकर 'पल्लो लटके' गाने पर तुम्हारा नृत्य देखकर हम मुग्ध हुए जा रहे हैं। बार-बार गूगल पर 'फूली-फूली' रोटियाँ बनाने वाला वीडियो हमें वाह! कहने पर विवश करता है। तुमने साड़ी पहन रखी है- कोटा चैक की। बिना किसी को जताए तुम रोटी बना रही हो। मेरी बिटिया के ये चित्र कुछ मोबाइल में है, थोड़े से इस घर में हैं और अनगिनत इस माँ के मन में बसे हैं। तुम्हारी याद जाती ही नही बेटा। मन की इस स्थिति पर खुद से भी खफ़ा हूँ।

आइने में खुद को देखकर मुस्कुरा भी नहीं पाती। एक क्षण को भी ऐसा नहीं लगता कि तुम नहीं गयी हो। हाँ, पता है मन को। समय की बहती धारा में, क्षणों के बीते हुए अंतराल ने तुम्हारे जाने की, विदाई की

पक्की सूचना दे दी है मन को। कुछ भी कर लूँ, पर तुम नहीं लौटोगी अब। कितना समय बीत गया। पर यह मन उतना ही उदास है, उतना ही भीगा, उतना ही टूटा सा...

पागल हूँ मैं। सोचती हूँ कोई ईश्वरीय शक्ति आकर मेरे इन आँसुओं को पौंछेगी। कोई अदृश्य भगवान मुझे समझाएंगे। कोई आसमानी देवदूत आकर मुझे मेरा आत्मविश्वास लौटाएंगे। पर मुझे खुद ही आत्मविश्वास लाना है मन में। खुद ही भरना है रिक्ति के इस कक्ष को, जिसे तुम छोड़कर चली गयी हो। हाँ, इस कक्ष को अपनी ममता की खुशबू से भरती हूँ। इसमें प्यार का, अनुराग का, अपनेपन का आसमान भरती हूँ। इस रिक्ति कक्ष में भरा है एक सागर... जिसकी गहराई का मुझे खुद भी अंदाज़ा नहीं। पर हाँ, इस सागर में मोती है, रत्न हैं, गहराई है। तुम आसमान में भी हो और सागर में भी हो, तुम बहती हवा में भी हो, मौन में भी हो। चंचल दृष्टि में भी हो और धीर, गंभीर चिंतन में भी।

मुझे फिर भी तुमसे अपने लिए आत्मविश्वास चाहिए। मुझे शक्ति दो अर्पिता यह सफर बहुत लंबा है निधि। तुम्हारी याद में रो रोकर यह सफर कैसे कटेगा बेटा? मैं भी मुस्कुराना चाहती हूँ। अपने प्रभु से अपनी माँ के लिए मुस्कुराहटें माँग लो बेटा। इस माँ की दृष्टि पहले से ही थोड़ी धुंधली थी अब और भी धुंधला गयी है। हँसी गायब है। मुस्कान रूठ गयी है। खिलखिलाहट पर ताला लगा है। ठहाकों पर पहरा है। कुछ कृपा करो प्रभु कि अपनी बिटिया के चित्रों की सजीव रागिनी का स्वर कानों में गूंज उठे। उसकी इस यात्रा की सम्पूर्णता का भरोसा हो जाए मन को। हाँ, वह कहीं नहीं गई है। उसकी स्मृतियों की बाती मेरे मन के दीपक को प्रज्वलित कर रही है। अपनापन, अनुराग, प्रेम, बंधन, सच्ची मुस्कान के लिए कल तुम्हारी सोनू दीदी ने तुम्हें याद किया। कल ही तुम्हारे चाचा भी तुम्हें, तुम्हारी साफ़गोई और सच्चे स्नेह को याद कर भावुक हो रहे थे। तुम अपनी जीवन-यात्रा को बडे प्यार से जीकर गयी हो अर्पिता। बस, यह यात्रा इतनी छोटी क्यों थी, मुझे उत्तर नहीं मिलता। मुझे भी इस जीवन में, अपने प्रशिक्षण का, कर्म सिद्धांत का सच्चा ज्ञान हो जाए। इस अफसाने में मेरी गुड़िया की झिलमिलाती छवि है। आप बोर हो जाएंगे, पर एक माँ कभी भी उसे विस्मृत नहीं कर सकती। कैसे विस्मृत कर सकती है?

हृदय की गहराई में, साँसों के स्पन्दन में, इस निरन्तर बजती धड़कन में, अंतस में, प्यार में, बस तुम ही तुम हो। कितना खुशियों भरा साथ है हमारा... लगता है किसी की नज़र लग गई। पर मैं तो यही मानती हूँ कि तुम साथ हो मेरे। आज ही शाहीन मेडम से पूछ लिया कि कब अर्पिता स्मृति पुरस्कार समारोह आयोजित करेंगी? बादल सर से भी यही सवाल किया। निधि, मुझे तुम्हारे प्रिंसिपल को भी तुम्हारी 70 चित्रों से सजी पेंटिंग बुक जो दिखानी है। मुझे बताना है सबको। इस संसार में उन सबको, जो तुम्हें जानते थे। और जो नहीं जानते हैं उन्हें भी। देखो, इन चित्रों को। मेरी बिटिया आज़ाद हो गई। सच में। उसने स्वयं कहा है- आजाद हूँ मैं!... उसकी तूलिका, रंग और अदृश्य स्वर ने एक साथ कहा है 'आजाद हूँ मैं'!

'स्मृतियों में तुम' लिखकर मैं खुश हूँ, तुम्हारे साथ हूँ- उसी दिन से। तुम्हारे पास हूँ- तब से ही। इसी मुक्ति में, इसी रिक्ति में जी रही हूँ। तुम्हारी निवेदिता मौसी ने कहा- ''अच्छा है, बैगेज उतार दिया।'' पर निधि, तुम्हारी स्मृति मेरा बोझ नहीं है। तुम्हारी याद में खो जाना, तुम्हारे बचपन की, रुचियों की, रूठने मनाने की चर्चा करना, मुस्कुराना, इन जिए हुए पलों में खो जाना, कभी-कभी आँख भर आना, बिलखना, न चाहते हुए भी तुम्हें पुकारना, तुम्हारी पेंटिंग की शब्दातीत व्याख्या करना, यह मेरा बोझ नहीं है। यही तो मैं हूँ। जो तुमसे थी। तुमने बनाया है मुझे! एक माँ, जिम्मेदार माँ। तुम्हारी फेयरवेल के बाद जब तुम्हें वापस आने में देर हो गई तो मैं चिंतित परेशान सी तुम्हारे विद्यालय जवाहरलाल नेहरू स्कूल पहुँच गई। अभी तो खाना नहीं शुरू हुआ। कार्यक्रम बाकी है। तुमने साथ आने से मना कर दिया था। बेटी का ख्याल, भरोसा, यह सब तुमसे ही पाया।

अपनी अपूर्णता की ओर कभी ध्यान ही नहीं गया। मैं अभी भी पूरी हूँ। पूरी माँ, जिसके साथ उसकी गुड़िया की यादें है। पर तुम्हारी यह कहानी मेरा बैगेज नहीं है। इसी ने मुझे इतने दिन जिलाए रखा है। मुझे लगता है, डायरी में नहीं, मैं तुम्हारे साथ ये पल जी रही हूँ। क्रांति जी ने पुस्तक पढ़ कर कहा कि ऐसा लगता है कि शब्दों में स्वयं सरस्वती विराजी हो। शब्द-शब्द मन, प्राण को छूने वाले है... लेखक पारंगत है। प्रवीण है। पर सच तो यह है कि मैं कुछ कहाँ लिख रही हूँ। यह तो हमारा अविस्मरणीय साथ है, जो यह हमारी तुम्हारी कहानी लिखने को विवश कर रहा है। यह कहानी

हर उस माँ-बेटी की कहानी है जो इस तरह बिछड़ गयी है। तुम्हारे फेवरेट सीरियल 'ये रिश्ता क्या कहलाता है' की नयी नायिका अभीरा अपनी माँ अक्षरा को याद कर बिलखती है तो मुझे हम दोनों की यह बिछड़न याद आ गयी। और मैं सिसकने लगी।

जीवन, कहानी, वास्तविकता और नाटकीय प्रस्तुति सब एक हो गए हैं। अभी भी चाहती हूँ, तुम्हारा स्नेहिल व्यक्तित्व सबके सामने आए। तुम्हारी कलात्मक प्रतिभा की चर्चा हो। तुम्हारे अपनेपन की निश्छल बयार मेरे अंदर समायी है। तुम्हारे जाने की विरह-व्यथा मौन है। मन की हताशा को आशा में बदलना चाहती हूँ। जीवन में हर ओर, रंग भरना चाहती हूँ। कितना अच्छा हो-सावन, धरती, सागर, मौसम, आशा, प्रकृति, मन की कहानी, तूफान, मेरा मन, धड़कन, सभी ऊ ला ला करने लगें। मुझे पता है तुम बहुत खुश हो जाओगी। पर मैं चित्रकार नहीं हूँ। अरे, हंसो नहीं।

मुझे याद आ रहा है जब मैं कॉलेज से आती थी तो तुम्हारे बनाए चित्र और शीर्षक को देखकर आश्चर्य और खुशी से भर उठती थी। कभी-कभी तो सब्र नहीं हुआ तो खुश होकर तुम्हें बाहों में भर लेती। तुम्हें यह पुरस्कार लगता। तो अगले दिन, फिर अगले दिन अच्छी और अच्छी पेंटिंग बनाने का प्रयास किया जाता। 'साक्षात्कार', 'सुनहरा दिन' और 'किताबें बोल उठी' ऐसी ही वाह-वाह वाली पेंटिंग हैं। अब अपने ईश्वर से कहो कि माँ को प्रकाश की तूलिका दे दो। उजास की कूची दे दो। अपनेपन के कैनवास पर तुम्हारे देखे आसमान को रच सकूँ, यह क्षमता दे दो। अब इस अन्तर्द्वन्द्व को मिटा दो प्रभु।

एक ओर वियोग है, व्यथा है, पीड़ा है, व्याकुलता है, आह और कराह है, वहीं दूसरी ओर उछाह है। स्मृति का आनंद है। स्मृति के साथ जीने की कल्पना है... नया खुला आसमान है... इस आसमान पर तुम हो। एक ज्योति - बिंदु के रूप में। बड़े से काले सर्किल के अंदर एक सुनहरा बिंदु अपने ओरा में चमकता हुआ। रोज यही दिखता है मुझे, जब आँख बंद कर तुम्हें देखना चाहती हूँ। ऊपर, और ऊपर जाते हुए। कभी-कभी दूध वाले के स्कूटर से रानी या सुमित्रा बाई के आने से यह ध्यान टूट जाता है। फिर कितना भी प्रयास कर लूँ, आँखें खोलूँ या बंद कर लूँ, साँसे रोकूँ या बहने दूँ, आँखों में आँसू भर लूँ या मुस्कुराऊँ, यह ज्योति नज़र नहीं आती।

सच तो यह है कि मैं नहीं जानती कि यह भ्रम है या सच्चाई? माया, मिथ्या, भ्रम, जगत, जीव, यात्रा, विछोह ये सारे शब्द अजनबी से लगते हैं।

आज 2023 का आखिरी दिन है। साल का आखिरी दिन 31 दिसम्बर... कितनी प्रतीक्षा रहती थी तुम्हें नये वर्ष की... तीन दिन पेंटिंग ही बनती रहती थीं तुम्हारी। केक और गिफ्ट आते थे मार्केट से। हर बार की तरह पिछली बार हमने तुम्हारे लिए गीत की किताब नहीं ढूँढी थी। अब तो तुमने खुद ही गूगल पर गाने ढूँढकर, प्रिंट आउट लेकर एक पूरी की पूरी बुक बनाली थी। तो हम तुम्हारे लिए लाए थे- रोटी मेकर और अंजली से बनवाया था नया पिंक लहँगा फ्रिल वाला... उसकी चुन्नी में सजी-धजी तुम कितनी अच्छी लग रही हो... आज तो बहुत रोना आ रहा है... पूरा दिन टी.वी. समाचारों, बजरंगी भाईजान, फिल्म के आते जाते सीन देखकर कटा। अपने आप को व्यस्त रखने के लिए वूलन कपड़ों को धूप दिखाई... तुम्हारी याद आती रही... आज ये किचिन में बड़ा बेसुरा गा रहे थे... वो दिल कहाँ से लाऊँ तो मुझे टोकना पड़ा। गाना ऐसे है- लय, सुर और आवाज़ को साधकर शुरू किया- **वो दिल कहाँ से लाऊँ, तेरी याद जो भुला दे। मुझे याद आने वाले, कोई रास्ता बता दे,** तो गाते-गाते तुम्हारी याद आ गई। मेरी प्यारी बेटी, तुम जहाँ भी हो- तुम्हें दोनों जहान की खुशियाँ मिलें। तुम्हारी मुक्ति की उड़ान में पंखों के साज हो, तुम्हारी आँखों में चमक हो, प्यार हो, आशाओं से सजा एक ऐसा कैनवास हो, जो तुमने अपने हृदय की कूची से सजा दिया हो। इस पर तुम्हारी कहानी की पूर्णता हो, दिव्य संसार के जिए हुए पन्ने उकेरे हों, इसी चित्र को देखकर तुम्हे गर्व हो। मुस्कान से सजा हो तुम्हारा ये जहान...

मैं कौन होती हूँ इसे बेरंग करने वाली! एक इन्द्रधनुषी छटा की कल्पना कर रही हूँ, जहाँ तुम मन ही मन मुस्कुरा रही हो। माँ, हैप्पी न्यू ईयर। तुम कह रही हो। हम तुम्हारे बिना किससे कहें- हैप्पी न्यू ईयर? कैसे इंतजार करे इस नववर्ष का? तुम जो नहीं हो, हमारी दुनिया में। किस दुनिया में हो? ईश्वर की शरण में हो। नयी माँ के आँचल में हो। आस्था, उम्मीद के साथ हो। हम तुम्हारे बिना, भीगे मन के साथ आगे बढ़ रहे हैं। न ये पल रुकते हैं न सोच... विचारों का प्रवाह रेला बन जाता है और साँसों की आवाज़ और भी कष्टप्रद... कहानी आंसुओं से भर जाती है। पिछले

नववर्ष याद आने लगते हैं। याद नहीं आ रहा कि कौन-सा ऐसा वर्ष रहा है, जब तुमने कार्ड न बनाया हो। नया साल- अर्पिता के मन को खुशियों की उम्मीद से भर देता था। उपहार लेना तुम्हें बहुत ही पसंद था। इस बार तुम्हारी याद में भावनाओं की यह छोटी-सी पाती भेज रही हूँ बेटा। इस पाती में एक माँ की अनसुनी पुकार है, यादों की रिमझिम फुहार है, प्यार से बिताए पलों की छाँव है- तुम बाँच रही हो ना?

10 महीने की इस व्यथा के बाद भी मैं वहीं की, वहीं हूँ। तुम्हारी एक झलक स्वप्न में देखने को तरसी हूँ। तुम तो ऐसे गयीं जैसे, तुम्हारा आसमान तुम्हें पुकार रहा हो। हाँ, तुम अपने मुक्ति-पथ पर, आसमान पर विलीन हो जाओ। ब्रह्माण्ड के अणु-अणु में...। तुम इस माँ का गौरव हो! अपनी माँ का सृजन गान हो तुम- तुम्हारी इस यात्रा का मौन राग घर में बज रहा है... 2023 का आखिरी दिन बीत गया... अब कौन कहेगा 12 बजे के बाद... 9, 8, 7, 6, 5, 4, 3, 2, 1 और फिर टी.वी. पर 12 बजते ही आतिशबाजी के दृश्य देखना- एक दूसरे को केक खिलाने की उत्सुकता। उपहार देने और पाने का उत्साह! उपहार में सूट हो या नेकलेस, कलर पेन हो या रोटी मेकर, स्केचबुक हो या लैपटॉप, तुम्हारी खुशी दमकती थी चेहरे पर... आज क्या उपहार दूँ निधि? ये उदासी देखकर तो तुम दुखी हो जाओगी। मैं तुम्हें, उदास नहीं देख सकती। चलो -कोशिश करती हूँ मुस्कुराने की। तुम मेरे लिए अपने परमात्मा से दुआ करना। हाँ बेटा, मैं भी जीना चाहती हूँ फिर से। मेरे जीवन की यह अपूरणीय क्षति सम्पूर्णता में बदल जाए। तुम्हारे आशीर्वाद से आनंद-प्रवाहिनी में 'मन' बहने लगे- तुम्हारी उपस्थिति के अहसास से जीवन की यात्रा की हर बाधा दूर जाए। विलाप को विराम मिले। सुख और विश्राम मिले...

आज **'स्मृतियों में तुम'** ताऊ को मिल गयी। अमेजॉन से भेजी थी उन्हें! अच्छा हुआ। अब मेरी भावनाओं की, तुम्हारी ज़िंदादिली की, इतने वर्षों की, हम दोनों की कहानी उन तक पहुँच ही गयी। आज तुम मेरे सपनों में आना... कहना, माँ, मैं खुश हूँ। तुम अब खुल के जियो। मेरी चिंता मत करो। मैं यहाँ पर खुश हूँ। यहाँ पर प्यार है, दुलार है, आशा है, खुशी है, निस्सीम आकाश है, पंख है, उजास है, रंग है, कैनवास है... मेरी खुशी से खुश हो जाओ माँ।

मैं आज तुम्हारी प्रतीक्षा करूँगी सपनों में... प्यारी अर्पिता। और तुम्हारे नये पथ के लिए आज से बहुत-बहुत शुभकामनाएं...

Happy New Year Beta
I Love You
I will never forget you

2024 लो, नया वर्ष आ गया बेटा। पर हमेशा की तरह न दिल है ना समय। मन के अंदर एक झंझावात-सा चलता रहता है। चेहरे पर न चाहते हुए भी, अधूरेपन की कहानी लिखी है- मौन, अव्यक्त-सा दर्द अपने आप बोलता है। क्या करूँ? आज की सुबह मेरे मन के आसमान पर सूरज की किरणों से दस्तक दे रही है। थोड़ा-थोड़ा धैर्य है, थोड़ी-थोड़ी सी आश्वस्ति। सब ही तो कहते हैं कि जाता तो शरीर है। ऊर्जा तो साथ ही रहती है। तुम तो मेरे तन मन में हो। यही सोचती हूँ। इस आँगन में हो। मिलन और बिछड़न में हो। विलाप करके भी कुछ नहीं मिला बस, जी हल्का हो जाए। पर यह दु:ख केवल अपना है। एक माँ का। नये साल का गेट टू गेदर, कविताएँ, शुभकामनाएँ, प्रीत की झप्पी कितनी अपरिचित-सी है, यही सोचती हूँ। मुन्ना भैया ने कहा कि जीना सच में बहुत कठिन है, पर कार्य में व्यस्त रखो खुद को। हाँ, व्यस्त रखती हूँ।

गुड़ी पड़वा की तरह इस बार लोगों की शुभकामनाएँ मन को नहीं चुभीं। किसी के बेटे-बहू की वेडिंग सेरिमनी के फोटो भी देख पाई और अन्ताक्षरी में एक टीम की सदस्य भी बनी। अच्छा है- जीवन की गतिशीलता में मेरा भी कुछ सहयोग हो। या गति का मेरे जीने में। रुकना, ठहरना नहीं है मुझे। इस ठहराव में यादें हैं, सपनों के प्रयासों की झलक हैं, अपने होने के लिए खुद से सवाल हैं- अब तक नहीं जान पायी हूँ। मेरे जीवन का क्या उद्देश्य है? मैं नहीं जान सकी कि यह सब जो हुआ वह, दण्ड है या पुरस्कार? उसकी जीवन-यात्रा का विराम है या मेरी? कभी-कभी सभी अजनबी से लगते हैं। सभी, मतलब सभी। एक तुम्हीं थी- मेरी प्यारी और सच्ची साथी, जिससे मैं अपना सुख-दुख साझा कर सकती थी। कितना कुछ पाया है जीवन में, कितना प्यार, कितना सम्मान, कितना ऊँचा पद, कितना धन? पर आज लगता है जैसे ये सब मेरे परिश्रम, मेरे प्रयासों का परिणाम नहीं है।

सच है - कहीं कोई अदृश्य शक्ति है जिसने मुझे चुना है। आज तक किसी भी परीक्षा में असफलता नहीं मिली। पीएससी हो या नेट, आकाशवाणी में लोक गीत गायन के लिए स्वर परीक्षण हो। मेरे छोटे से आँचल में ये सब उपलब्धियाँ विनम्रता से सर झुकाए समायी थीं। अचानक न जाने कहाँ से यह आकस्मिक, असामयिक तीर चला और...।

आज वासु को विदा कर दिया बैंगलौर के लिए- राजधानी से कल तक पहुँच जाएँगे। सब कुछ सामान्य सा लग रहा था। कोई पहली बार तो गया नहीं वह! पर तुम्हारे कमरे में जाते ही धक् सी हो गई। कमरा सूना लग रहा है। लोग सच ही कहते हैं, मकान तो बहुत बनते हैं पर घर नहीं। इतना बड़ा घर- हमारा-तुम्हारा कमरा, गेस्ट रूम, ड्राइंग रूम, स्टोर, किचिन, पूजाघर और फिर भी उसे बड़ा करते रहने की योजना... अब क्या करूँ इस बड़े से घर का। हाँ, याद आया। इस घर की रिक्ति में भरुँगी, तुम्हारे होने की, तुम्हारी स्मृतियों की खुशबू...

तुम्हारा नाम ही हमारा धन था निधि! तुम अभी भी मेरी कल्पना में मुस्कुरा रही हो। हम बातें कर रहे हैं। होली पर गुझिया बना रहे हैं। तुम्हारे भीतर अपनेपन की, भावनाओं की, स्नेह और अनुराग की ऐसी नदी बहती थी कि सब तुम्हारे प्यार के रंग में डूब जाते थे। भले ही मुझसे कोई नाराज हो जाएं पर अर्पिता से कोई नाराज नहीं हो सकता। उसका भोलापन लोगों के दिलों तक पहुँचता था। निधि, मैं तुम्हारे इस 'सच्चे दिल' से चिंतित भी हो जाती थी। कैसे जानेंगी ये दुनिया? इन्हें कौन बताएगा कि लोग जैसे दिखते हैं, वैसे होते नहीं हैं। पर मेरी बच्ची, यह तो तुम थीं। यह तुम्हारा वैशिष्ट्य था। चालाकी से कोसों दूर... डांस के बाद सी.डी. सहेलियों को दे आना, अभिलाषा, दिशा खरे से अपने दिल की बात साझा करना... कभी-कभी मासूमियत से यह पूछना कि ईश्वर कहाँ रहते है? ईश्वर है भी या नहीं?

तुम्हारे मन में चल रहे द्वंद्व की भी मैं साक्षी हूँ। किसी खास रिश्तेदार से अपेक्षित स्नेह न मिलने पर तुम्हे खराब लगता था। स्टेशन या शादी हॉल में भी कुछ घूरती नजरें तुम्हें परेशान करती थीं। पर किसी का प्यार और प्रोत्साहन तुम कभी नहीं भूलीं। बुआ का अमिट स्नेह, टीचर की स्नेहिल शिक्षा, नानी का बनाया पोहा और हलवा, गोपाल चाचा के लाई के लड्डू, स्पोर्टस टीचर रजनी मेडम की सलाह, मीनू मेडम का प्रोत्साहन, शाहीन

मेडम का दुलार, अर्शी मेडम की प्यार भरी डाँट, बादल सर का आशीर्वाद, अभिलाषा की पक्की दोस्ती, ये सब उनके मन में गहरे तक बैठे थे। और मैं? मैं तो थी ही उनकी दोस्त, फ्रेंड, माँ और सखी। पर बार-बार टोकना उन्हें पसंद नहीं था। कभी-कभी मुझसे भी नाराज हो जाती थीं।

मेरे अन्तर्मन में सदा के लिए बसी मेरी प्यारी बेटी, इस जगत से उस संसार की यह यात्रा सरल हो, हमारी याद तुम्हें कभी भी रुलाए ना, तुम अपने जीवात्मा जगत में खुशियों के आयाम-दर-आयाम चढ़ती जाना। अपना लोक, उच्च लोक, ऊर्ध्व लोक प्राप्त करना! तुम्हें याद है, हम दोनों का एक फेवरेट गाना है - ''मैं चली, मैं चली, देखो प्यार की गली, कोई रोके ना मुझे मैं चली मैं चली''... अभी उस दिन अंताक्षरी में किसी ने गाया था यह गाना और मुझे तुम याद आ गयीं। फिर क्या? कंठ भर आया। कुछ गाया ही नहीं गया। हर अक्षर पर गाना आता था। पर आवाज अंदर ही दब गई। क्या तुम मेरी शक्ति थीं? ऐसा ही लगता है, सूरज, चांद और पाखी अभी भी छत से दिखते हैं, पर मेरी अर्पिता नहीं। उसकी मुस्कान देखने को तरस गई हूँ। मोबाइल से पूरा होता फरमाइशी गीत प्रोग्राम भूली बिसरी यादों में बदल गया है।

अन्ताक्षरी में तुम याद आती हो!

हर अक्षर पर गाना याद आता है, पर आवाज़ निकलती ही नहीं। आज एक युवक की भोपाल में मृत्यु पर बहुत चर्चा हो रही थी। अच्छा तैराक होने पर भी पानी में डूब गया। किसी ने कहा कि चमत्कार भी होते हैं। एक किसान का बेटा यूपी में गुम हो गया था। उसने महाकाल में गुहार लगाई और उसका बेटा उज्जैन में मिल गया। हजारों लाखों की भीड़ में। पर मेरे जीवन में यह क्या हुआ? ईश्वर इसे अंधकार कहूँ या प्रकाश? तुम्हारे जाने की इस अचानक आकस्मिक घड़ी ने जैसे मुझे निःशब्द कर दिया है। हाँ, ईश्वर की भी पुत्री हो तुम। उन्हें भी इतनी ही प्यारी। अब ममता भरा आसमान तुम्हें मिल गया होगा? तुम डिजर्व करती हो अर्पिता। बस, तुम रोना नहीं। इतना बता दो कि इस माँ को कि तुम खुश हो। प्रसन्न हो। मुक्त हो। छोटा-सा संकेत दे दो मुझे।

मैं सोच रही थी, मैंने बहुत कुछ ऐसा कहा है जो लोगों को पता नहीं है। अपनी बेटी के बचपन के स्मृति-चित्रों से यह दृश्य-दर्पण सजाया, उसकी उम्मीदों के पावित्र्य की हल्की-सी झलक दिखाई, उसके संकल्पों की दृढ़ता की, भावुकता की, अपनी विरह-पीड़ा की, करुण कहानी रच डाली। किसी प्रशंसा के लिए नहीं। आत्म- संतुष्टि और तुमसे तुम्हारा परिचय करवाने के लिए। पर शायद मैं अभी भी अहंकारी हूँ। मैंने यह किया, मैंने वह किया। मैं कौन होती हूँ यह करने वाली? उसकी पेंटिंग अच्छी है। मेरे नज़रिए से इन पेंटिंग को देखो तो सही। एक बार इनकी गहराई का अनुभव तो करो। हाँ, मुन्ना भैया ने कहा कि लगता ही नहीं ये पेंटिंग है। किसी ने रची हैं। मैं तो अर्पिता के इन चित्रों पर वारी-वारी जाती हूँ। और शीर्षकों की नव्यता, काव्यात्मकता पर तो मुग्ध हूँ। पर यह जरूरी तो नहीं, जो मैं

सोचती हूँ वही सब सोचें। हाँ जरूरी है। मेरी आशा हैं ये - मेरी बिटिया के बनाए इन चित्रों की आड़ी - तिरछी लकीरों में, बड़े मन से भरे गए इन रंगों में, अपने मुट्ठी भर आसमान से किए गए चिन्तन से सजे इन चित्रों को अपनेपन से देखो ना! आपको इनमें निधि की मुस्कुराहट नज़र आएगी। इनमें उसकी आशा का संसार सजा है। अनुपमा जी ने सही कहा है कि शायद उन्होंने अपने ब्रह्माण्ड में पहले से ही अपनी जगह चुन ली थी।

सब व्यस्त हैं। सब अपने-अपने काम में लगे है। मैं ही ठहरी हुई हूँ। तुम्हारी यादों से लिपटकर रोने का मन करता है। तुम्हारी बातों को फिर से सुनने का मन है। तुम्हारे लिए साबूदाने की खिचड़ी, गुलाब जामुन और पोहा बनाने की इच्छा है। फिर से तुम्हारे साथ बैठकर जवाहरलाल स्कूल के किस्से सुनने की इच्छा है - फिर से तुम्हारी पेंटिंग देखने का मन है। फिर से तुम्हारे साथ अन्ताक्षरी खेलूँ। नयी बन्नी गाऊँ, नयी-नयी ड्रेस लाऊँ, नया आसमान सजाऊँ, फिर से मुस्कुराऊँ निधि। ये मेरी भोली-सी कामनाएं है। मैं इनका क्या करूँ?

मेरे बगीचे में बुलबुल आई

तुम्हें भुलाने की कोशिश में खुद को भूलती जा रही हूं। जीवन को जीने के लिए जिस उमंग की जरूरत होती है, वह कहाँ से लाऊँ? आज किसी ने कहा कि मेडम नये वर्ष में नयी उमंग ले आएँ। कसक गया मन! कहाँ से लाऊँ नयी उम्मीद? कहाँ से लाऊँ उत्साह और उमंग? तुम्हारे जाने के बाद से ही मैं एक टूटी हुई माँ बन गयी हूँ। आज इतने दिनों बाद बाद साकल्ले जी को देखा। उनकी माँ नहीं रहीं। कुछ दिनों पूर्व हम गये भी थे उनसे मिलने, पर अरेरा कॉलोनी में भटकते रहे, घर नही मिला। सर ने फोन उठाया नहीं। आज उनके चेहरे पर भी वैसी ही बोलती उदासी दिख रही थी, जैसी मैंने इतने दिनों में अनुभव की है... इस जीवन की लंबी यात्रा में तुमसे बिछोह का भी यह अध्याय लिखा था, कभी सोचा न था। पर निधि यदि इसके उलट हो जाता? मतलब तुम रहती और मैं चली जाती तो? नहीं, नहीं तुम्हारा यूँ बिलखना कैसे देख पाती मैं? सभी ज्ञानी-ध्यानी कहते है कि जीवात्मा जगत से आप सब कुछ देख सकते हो। तो तुम्हारा अपनी माँ के लिए बिलखना, तड़पना, रोना, सिसकना, उदास रहना, मैं नहीं देख पाती। तो क्या तुम भी मेरे लिए दुखी हो? मत होना। ये मेरे लिए और पीड़ादायी होगा। तुम खुश रहो मेरी बच्ची। तुम आज़ाद रहो। 'जीवात्मा जगत के नियम' किताब में बताया है कि विस्पी और रत्तू बहुत खुश है वहाँ। एक्सीडेंट में मृत्यु होने पर भी उन्हें जीवात्मा जगत में पृथ्वी से भी ज्यादा अच्छा लगता है। पर, अपने माता पिता के दुख की याद आते ही वे भी दुखी हो जाते है। तो मेरी प्यारी अर्पिता, तुम दुखी मत होना। मैं कोशिश कर रही हूँ इस संसार में जीने की। मुस्कुराने की।

आज गार्डन में सुबह-सुबह बुलबुल दिखी। मन भर आया। कोहरा इतना कि पीपल का पेड़ बर्फ का लग रहा है। ठंड इतनी कि दाँत बज रहे हैं। पर चिड़िया का जोड़ा प्लेट के पास बैठा अपनी मधुर आवाज में मुझसे कुछ कह रहा था। दाने रात के ही थे। शायद उसमें ओस थी... या फिर उनकी बातें आपस में थीं... पर मन भर आया। बहुत दिनों में आईं तुम बुलबुल रानी... तुम उड़ जाओगी तब खीलें, पारले जी और काजू के छोटे टुकड़े करके डालूंगी। तुम आना जरूर... तुम खाना जरूर। मैं कॉलेज में रहूँ या किचिन में। मन में रहूँ या आँगन में... पर तुम आती रहा करो, अच्छा लगता है।

निधि, तुम्हे याद है एक बार हमने तुम्हें अम्मा और मोहन के साथ अकेले ग्वालियर भेज दिया था। हम दोनों बाद में आए थे। तब दशहरा, दीपावली के अवकाश में बहुत अंतराल था। पर तुम मुझसे ऐसे रूठी थीं कि क्या बताऊँ? पीले रंग का जंप सूट (टोपा जुड़ा हुआ सूट) पहने तुम मोहन की गोद में इठलाती रहीं। पर ट्रेन के चलते ही हमने जब बाय-बाय किया तो ठुनकने लगीं। मचलना, ठुनकना, रोना देखकर मैं भी ट्रेन के साथ-साथ दौड़ने लगी। ये गुस्सा हो गए तो मुझे रोना आ गया। क्यों भेज दिया इतनी छोटी बच्ची को? जब हम कुछ दिनों के बाद ग्वालियर पहुँचे तो तुम सफेद कुर्ता पजामा पहने नाइसिल पाउडर के डिब्बे से खेल रही थी। हमें देखते ही तुम्हारी आँखें चमक उठीं। पर बाहें फैलाने के बजाय तुमने मुँह घुमा लिया। फिर मैंने प्यार से पुकारा... 'निधि' तो तुम इस बार खुद ही घूम गईं। बड़ी मुश्किल से मनाया तुम्हें और यह भी जाना कि माँ से दूर रहना कितना कठिन था तुम्हारे लिए। निवेदिता, तुम फिर से, डाँटोगी। इतना सब स्मृति में रखने की क्या जरूरत है? पर सच में, मुझे सब याद है। कुछ फोटो भी हैं उस समय की। निधि का कुर्ता पाजामा पहने हुए। लड़का लग रही है बिलकुल।

उज्जैन घूमने पर भी तुम्हारी चंचल अदाएँ देखी थीं। कैसे भूलूँ?... ते ते ते... कहकर तुम हम दोनों की उंगली पकड़कर तेज-तेज चलना चाहती थीं। आज तुम होतीं तो तुम्हें यह किस्सा सुनाकर चकित कर देती। इन्दौर की सड़कों पर नन्हीं मुन्नी गुड़िया को ऑटो, बस से उतर कर सड़क पर, माँ पापा की उंगली पकड़ कर ते ते ते कर चलना कितना अच्छा लगा था,

सोचती हूँ तो मन उन्हीं दिनों के प्रवाह में बहने लगता है। कितने साल बीत गए। तुम्हारा बचपन, किशोरावस्था और युवावस्था के एक-एक क्षण आँखों में रील की तरह सामने आते हैं। कभी मुस्कुराती हूँ। कभी-कभी गाती हूँ। हाँ निधि, कल तुम्हारा फेवरेट गाना पूरा गाया। गाने के बोल थे- एक दिन बिक जाएगा माटी के मोल, जग में रह जाएंगे प्यारे तेरे मोल।

किसी की शादी के दो कार्ड मेरी टेबिल पर रखे हैं। उन कार्डों को तुमने वर्ली पेंटिंग के हल्के नमूनों से सजा दिया है। रोज उन्हें खोलकर देखती हूँ। तुम मेरे आसपास हो प्यारी निधि! इन साँसों के साथ ही आती-जाती हो। सब कुछ सहज होते ही, अचानक तुम्हारे न होने का अहसास मन को दर्द देता है। छत पर हमारी गर्मियों की बैठकें याद आ जाती हैं। कभी-कभी तुम्हारा बीमार होना भी याद आता है। पर, यह भय कभी नहीं हुआ कि तुम हमेशा के लिए हमें छोड़ जाओगी। बहुत प्रयास कर रही हूँ, तुम्हें भुलाने का। पर नहीं भूल पाती। भूल सकती ही नहीं। मेरी आत्मा में, मेरे रोम-रोम में बसी हो तुम। तुम्हारी याद...

फाइनली तुम दिख ही गई।

आज सुबह 5 बजे ही नींद खुल गयी। रात से ही तबीयत खराब थी। सिर दर्द कर रहा था। कभी तेज कभी कम। कभी भारी। सपने, सच और बीमारी का अजीब-सा कॉम्बिनेशन था। रजाई उलटते-पलटते कब नींद आ गई, पता ही नहीं चला। सपना देखा कि हम दोनों एक एलबम देख रहे हैं। तुम मेरे पास ही हो। पास क्या, लगभग कंधे पर लदी-सी हो। एक-एक फोटो पर हम दोनों मुस्कुरा रहे हैं। तुम थोड़ी छोटी हो। जैसे 14-15 वर्ष की। एक फोटो देखकर हम दोनों ने ठहाका लगाया है। पता नहीं फोटो में क्या है। मैंने पूछा- तुम्हें पता है तुम मेरे पास नहीं हो? तुमने बड़ी मासूमियत से कहा- ''हाँ पता है।'' मैंने पूछा- ''फिर तुम कहाँ हो?'' तुम इठलाईं। बोलीं- **'आकाश में! उससे भी ऊपर!'** चलो अर्पिता, तुम दिखीं तो सही, मेरे सपने में। इतने महीनों में सपना दिखा। सोचती रही सपने के बारे में। क्या ये सच है?

तुम मेरी जान हो गुड़िया, तुम मेरे प्राण हो निधि। इतने दिनों में तुमने यह बताया कि तुम आकाश में हो। पर कैसी हो? खुश हो कि नहीं? मैं कैसे जानूँ? हाँ, तुम्हारे उत्तर से तो तुम बहुत खुश लग रही हो। पता है नानी क्या कहती थीं? जब हम इस दुनिया से चले जाएँगे, तो एक दिन फिल्म दिखेगी। जो अभी आज है, वह सब हो चुका है। या फिर ऐसा लगेगा जैसे हम सब अपनी जिंदगी का एलबम देख रहे हों। नानी को वीडियो के बारे में नहीं पता था। मुझे अचरज होता था - ये क्या अंधविश्वास भरी बातें करती हैं माँ। और मैंने उनकी बातों को कभी सीरियसली लिया ही नहीं। पर आज सोच रही हूँ। ऐसा तो नहीं- हम दोनों ही किसी और डायमेंशन में हों और इस जीवन के चित्र साथ में देख रहे हों। पर तुमने तो कह दिया कि आकाश

में हो। पर मैं तो यहीं रह गयी धरती पर। यहाँ पर हर दिन अज्ञात चुनौतियों से भरा है। हर दिन नया है – नयी बातें है, लोग हैं, रिश्तों में दूरियाँ हैं, जीवन जीने की जद्दोजहद है। पर फिर भी, तुम्हें और ईश्वर को बहुत-बहुत धन्यवाद कि तुम मेरे सपने में आईं।

आजकल तो मैं भूल ही गयी थी कि मैं सपने में तुम्हारा इंतजार कर रही थी। सच तो ये है कि अब मैं तुम्हारा इन्तजार नहीं कर रही हूँ। मैंने अपनी बेटी को मुक्त कर दिया हैं। मुझे मालूम है कि तुम अब कभी नहीं लौटोगी। हाँ इंतजार इस बात का है कि तुम कहाँ हो? 'आकाश में हूँ।' हाँ, मैंने सुना। पर इतने से ही संतुष्टि नहीं हुई। ऐसा लगता है जैसे कोई कह दे – अच्छी ही हूँ। सो, नो चीटिंग। मेरे सपनों में आना या फिर किसी और संकेत से बताना कि तुम किस दुनिया में हो? खुश हो। मुक्त हो। यहाँ से भी ज्यादा प्यार तुम्हें वहाँ मिल रहा है। वो नो पेन वाली दुनिया है न? पर इस संसार में तो बहुत पेन है। सब कुछ सही होते हुए भी जैसे कुछ गलत हैं। सारे प्रयास सार्थक होते हुए भी निरर्थक हैं। जिन्होंने एक बार भी पीछे मुड़कर नहीं देखा, वो अब पार्टियों में आमंत्रित कर रहे हैं। ऐसा लगता है, जैसे यह घटना दो मिनट के मौन के बाद खत्म हो गयी थी। खत्म हो गया था मेरे साथ रिश्ता। तब सान्त्वना के दो बोल न फूटे और अब पार्टी के लिए आमंत्रण दिया जा रहा है। लगता है जैसे जले पर नमक छिड़कना, ज़ख़्म हरे हो जाना इसी को कहते हैं। चलो, ठीक है। मैं क्यों किसी को दोष दूँ। सब कुछ उसकी मर्जी से हो रहा है। पर कष्ट है। तकलीफ है।

ज्ञान और विज्ञान के इस युग में भी यह पीड़ा कभी किसी को न मिले। मृत्यु तो सबसे बड़ा सच है जीवन का। देखो, माँ, पिता, ससुर तीनों चले गए। जीजी को भी दो वर्ष हो जाएंगे। और तो और, तुम्हें भी एक वर्ष होने वाला है। एक 'आह' सी निकल जाती है। उस दिन तो लग रहा था कि जी ही नहीं पाऊँगी, पर देखो इतने दिन हो गए हैं। जी रही हूँ। खा रही हूँ। काम कर रही हूँ। अब ढूंढ रही हूँ अपने जीवन का लक्ष्य। बहुत दिन पहले नौकरी करना लक्ष्य था। अपने आपको साबित करना। अब क्या रह गया है? हे प्रभु, मेरी बेटी को खुश रखना। उसकी नयी राहों को सजा दो। मुक्ति से, आह्लाद से, अपनेपन से, रिश्तों से, सुख से, माँ से। या उसे माँ बनाना या उसको मुझसे भी एक अच्छी माँ देना। बस एक माँ की यही विनती है।

उदासी के बादल, दूर चले जाओ!

न चाहत हुए भी उदासी के बादल छा गए हैं मन पर... आसमान साफ था मन का, पर न जाने कहाँ से उड़ते-उड़ते धूसर बादल आए और पूरे गगन पर छा गए हैं। मैं आशाओं की टकटकी लगाए हूँ। उम्मीदों के द्वार भी खोल दिए हैं। शब्दों के सहारे मन के इस जहान को कागज पर रचती हूँ। सोचती हूँ अब सारे रंग उत्सव में बदल जाएँगे... अब स्वप्नों में तुम्हारी यात्रा की सुखदायी झलक मिल जाएगी। कभी-कभी सोचती हूँ कि जीवन के आकस्मिक, अनजाने मोड़ के लिए खुद को तैयार भी रखना चाहिए था। बाबूजी कहते थे कि जो सर्वाइव कर सकता है, वही जी सकता है। आज एक छह माह के बच्चे की श्वानों द्वारा की गयी दुर्दशा पर मन रो रहा है। मजदूर माता पिता के ऊपर पहाड़ ही टूट पड़ा। बस अनपढ़, मजदूर क्या करे? परदेश में रोकर रह गए। कुछ आवाजें उठीं भी (भास्कर एडीटर सतीश) पर स्वीगी के संक्रांति पर अनलिमिटेड डिलीवरी के ऑफर में दब गयीं। या फिर एक पर एक फ्री का विज्ञापन लोगों को भा गया। बड़े-बड़े शहरों में ऐसी छोटी-मोटी घटनाएँ होती ही रहती हैं...

सोच रही हूँ आध्यात्मिक दृष्टि से क्या ये सोल का प्लान हो सकता है? केवल 6 माह शरीर में रहकर वापस जाने की इच्छा और वह भी इस तरह? श्वानों ने नोंचकर उसका एक हाथ शरीर से अलग कर दिया। बताइए भला, यह कैसी योजना है आत्मा की? पशुता की यह कोई अकेली घटना नहीं है, पर हम संवेदनहीनता के चरम पर जा पहुँचे हैं। मन भटकता ही रहता है। सच, कल्पना, वास्तविकता सब गडमड हो गयी है। तुम्हारी याद आती है। कभी-कभी लगता है जैसे तुम दिव्यात्मा हो। तुम्हारी पवित्रता, तुम्हारी सुन्दरता, तुम्हारी शक्ति, तुम्हारी शांति और तुम्हारे सच्चे हृदय ने तुम्हें इतनी

सामर्थ्य दी है कि तुम्हें जाने में क्षण भर लगा। या फिर पूरा जीवन जी लेने का संतोष, सब कुछ पा लेने की संतुष्टि तुम्हें इस संसार से जाने की प्रेरणा दे रही थी? या फिर तुम अपनी अपूर्णता से नाखुश थीं। अपने जीवन को एक नयी दिशा, अपने आप को एक नये अनुभव को जी लेने के प्रयास में चली गयीं? मैं नहीं समझ पाती। कई बार, जब तुम पूछती थीं कि मेरे बिना कैसे रहोगी माँ? तो मैं हमेशा ससुराल ही समझी। कभी भी इस अंतिम विदा और मुक्ति-पथ का आभास ही नहीं हुआ मुझे।

माँ बहुत रोएगी, शायद तुम जान गयी थीं। पर फिर गयी ही क्यों? पर अब चली ही गयी हो तो अपने प्रभु से मेरे मन की व्यथा का शमन करने का कोई उपाय माँग लो। या फिर कोई चमत्कार कर दो। या फिर वैसी ही शांति भेज दो जैसी, तुम्हारे संसार में है। आकाश से ऊपर क्या है? परसों सपने में तुमने बस इतना ही तो बताया कि तुम आकाश से ऊपर हो। और वह भी हँसते-हँसते। क्या वह स्वर्ग है? या फिर उसके ऊपर भी कोई और आयाम? तुम्हारे सपने में आने के बाद आज की गूगल पर आयी तुम्हारी हँसती, गाती, मुस्कुराती तस्वीरों, वीडियो को देखने के बाद मैं मन को खुश रखने का प्रयास कर रही हूँ। तुम्हारी याद, हँसी, अन्ताक्षरी, गीत, कविता, कोई डिश, फरमाइश, कोई नया सुविचार मन को झकझोरते नहीं। अच्छा लगता है। ख्यालों में तुम ही तुम रहती हो निधि। तुम्हारे पापा की व्यथा भी देखी नहीं जाती। पर मैं क्या करूँ? न लड़ना अच्छा लगता है, न हँसना। हंसी तो आती ही नहीं।

तुम्हें पता है यश की शादी है। अरे, ताई का नाती नहीं। राधा दीदी का बेटा। हाँ, वही, उसने इशारे में अपनी मौसी सोनू से बात की। उसकी दुलहन भी बोलसुन नहीं सकती। पर सब खुश है। तुम भी न? तुम्हारा फिरोजी बालूचेरी गाउन आयुषी पहनेगी, पटियाला सूट वारी और औरेंज लहँगा अवनी। हरे हेवी लहंगे को भी कोई तुम्हारी बेटी ही पहनने वाली है। शायद सौम्या या बुलबुल? तुम मुझे सपने में खुश दिखीं अर्पिता। अच्छा है। हँसती रहना। आज बस इतना ही। तुम्हारी माँ...

तुम सोच रही होगी - नयी माँ से मेरी दोस्ती कैसे हो, ये माँ तो पीछा ही नहीं छोड़ती। हर दिन कभी शब्दों से, कभी आँसुओं से, कभी प्रार्थना से, कभी भावनाओं से, कभी मन की शक्ति से संदेश ही भेजती रहती है। पता

नहीं क्यों, मुझे यह भरोसा हो गया है कि दिल से भेजा संदेश 17 सेकेंड में पहुँच जाता है। एक यू ट्यूब चैनल पर देखा था। कभी-कभी तुम्हें कुछ मैसेज भेजकर 17 सेकेंड बाद आँख बंद कर देखती हूँ तो कभी काले गोले के अंदर ज्योति पुंज, कभी नीली ज्योति में सफेद चाँद, कभी-कभी शिव की आकृति दिखती है और कभी कुछ नहीं। कुछ भी नहीं। यह अंधविश्वास नहीं है। बादलों को देखने पर कभी-कभी कुछ जानी पहचानी, अनजानी आकृतियां दिखती हैं, वैसा ही लगता है।

अभी तक समझ में नहीं आया मुझे कि तुम्हारे इस अवसान को कैसे भूलूँ? बाबूजी की विदाई के बाद मैं सहज थी। माँ के बाद तो एक अरसा बीत गया - तुम दोनों बच्चों में आनंद की प्रवाहिनी का अनुभव किया... सच में, तुम दोनों के जीवन में आने से मैं पूरी हो गई थी। अपने बच्चों पर विश्वास, प्यार, स्नेह के इस अमिट संसार में एक लंबी यात्रा पूरी की है मैंने। इस यात्रा में कितना आनंद, कितनी सुखद अनुभूतियाँ है! तुम दोनों का ख्याल रखना, कहानियाँ सुनाना फिर बड़े होने पर तुम अपनी माँ के ज्यादा करीब आ गई। हम दोनों का प्यार जैसे- एक पूरा संसार समाया था उसमें। पर, अब इस संसार में वीरानी है। सूनापन है। तुम जो नहीं हो ना! कल अंजना दीदी ने कहा था कि अब ये उदासी, पीड़ा, अवसाद त्याग दो सुषमा। उसकी अच्छी यादों के रंगों से ज़िंदगी के इन पन्नों को नये रंग दे दो। है प्रभु! मेरी लेखनी में खुशियों के रंग भर दो ना! मेरी अर्पिता, जहाँ भी हो, बहुत खुश रहे! मैं बहुत संतोषी हूँ। मुझे इसके सिवा कुछ नहीं चाहिए- प्रेम, शांति, अपनापन और सच्ची मित्रता। भौतिक सुख-सुविधाओं का लोभ नहीं रहा। अब लगता है यह सब प्रारब्ध ही होगा। पर सब कुछ होते हुए यह वियोग क्यों? या फिर यह तुम्हारी स्वयं की कर्म-प्राप्ति है? कुछ तो है। अभी न्यूज में खबर आ रही है कि गुजरात की हरणी झील में एक नौका डूब गयी। 27 में से 14 शव मिल गए हैं, जिनमें 12 विद्यार्थी और 2 शिक्षक हैं। इतने लोगों का एक साथ असमय चले जाना लापरवाही है या कोई विधान? कल ही पढ़ा था अखबार में कि देवर की शादी की तैयारियों में लगी भाभी अपने मायके में बाथरूम में अचानक बेहोश हो गयी। फिर उसे बचा नहीं सके। इन्दौर के कोचिंग में एक छात्र अचानक बेहोश हो गया और... हार्ट अटैक का यह दंश कितनी मांओं के लाल

हरेगा? कितनी पीड़ा, कितना संताप, कितना विलाप छिपा है इन खबरों के पीछे, यह सब जान पा रही हूँ।

अभी भी मन में, पीड़ा है। बिखरी बिखरी-सी पसनीलटी है। अश्रुपूरित उद्गार है। कर्त्तव्य-पथ पर चलने की कभी ज़िद है, कभी उकताहट, कभी मजबूरी, कभी आदत-सी। स्वस्थ रहने पर कभी भी अवकाश लेना अच्छा नहीं लगा मुझे। विभाग में और दो लोग आ गए हैं। न चाहते हुए भी इस विपदा की चर्चा कर डाली। नहीं बताना चाहती थी कि मैं अपनी बेटी के वियोग में जी रही हूँ। नहीं कहना था कि मेरी बिटिया मुझे पिछली फरवरी में छोड़ गयी। तब से हर दिन, हर पल, हर क्षण साथ में हो तुम।

आज रेडियो में गाना बज रहा था- शिरडी वाले साईं बाबा, आया है तेरे दर पे सवाली... तो मन में ख्याल आया कि हमारी झोली भर गयी या खाली हो गयी? इनसे पूछ ही बैठी मैं, तो भरे कंठ से इन्होंने मेरी ओर देखकर कहा- ''पता नहीं।'' बहुत देर तक मौन रहा। बहुत दूर तक मौन रहा। फिर क्या, पी लिए आँसू। पहुँच गए अपने कर्म - क्षेत्र में। आज अच्छा पढ़ाया। माखनलाल चतुर्वेदी, एक राष्ट्रीय आत्मा के बारे में... घर में बीच-बीच में मौन कुछ कहता है। कुछ बोलता है, तो अजीब सी सिहरन होती है तन-मन में। मेरी अर्पिता चली गयी! मेरी निधि मुझे छोड़कर चली गयी। तुम्हारी एकमात्र बची गुड़िया टेबिल पर विराजी है। सारे खिलौने तुम्हीं ने बँटवा दिए थे। मैं कोई छोटी बच्ची हूँ? कहकर।

आज वापसी में गार्डन में चिरौटा और चिरैया दोनों दिखे। नानी यही कहती थीं न? अलग-अलग प्लेटों में, बिना किसी चिंता में दाना चुगते हुए। फिर एक साथ, एक ही सकोरे से पानी पीते हुए, जब तक दरवाजे का ताला खुल नहीं गया। मैं एकटक तुम्हारे इस संध्या भोजन के एक-एक क्रियाकलाप देख रही थी... गलत है कि अच्छा पता नहीं।

पर पक्षी संसार के इस गतिशील सत्य वीडियो का आनंद लेने से खुद को नहीं रोक पाती। आज दिन में दो, तीन बार अचानक तुम्हारी बहुत याद आई। आँखों से पानी, दिल में वेदना और रोकने पर हिचकियाँ... यह अच्छी बात नहीं है सुषमा। पूरा साल ऐसे ही रोकर गुजारोगी क्या? आगे बढ़ो। कुछ ऐसा करो, जिससे वह खुश हो। क्या करूँ ऐसा? तुम्हारी हर अच्छी बात शेयर कर रही हूँ। तुम्हारे गुण- अपनापन, निस्वार्थ प्रेम, सच्ची

अनुभूति, मदद की भावना, चित्रमयी संसार की रचना - सब कुछ दिखा दिया लोगों को, फिर भी कुछ शेष है। पता नहीं क्या? तुम मुझे बताना। ठीक है? अपना ख्याल रखना। खुश रहना। कभी-कभी कोई गीत गाती हूँ, तो उसके अंतिम अक्षर से वही गीत याद आता है जो तुम गाया करती थीं। कभी-कभी किचन में ऐसा फील होता है, जैसे तुम अपने कमरे में सो रही हो। या फिर लगता है कि तुम सदा के लिए सो गयी हो। अन्तर्मन, सर्वांग सिहर जाता है। ब्रह्मकुमारी शिवानी जी से सुना था कि पकाने वाले की भावनाएँ भी भोजन में मिल जाती हैं, तो तुरंत उस सिहरन को रफा-दफा कर देती हूँ। तुम्हारी याद में मुस्कुरा देती हूँ। वैसे मुस्कान आती नहीं और सब कुछ भूल जाती हूँ। कम से कम उतनी देर...

तुम्हारी स्पेशल टीचर

आज तुम्हारी टीचर सिनी गोयल को 'स्मृतियों में तुम' मिल गयी। 10-12 मेसैज में टूटे, बिखरे, थर्राए से शब्द मिले। बस, इतना समझ में आया कि पुस्तक के एक-एक शब्द में उन्हें तुम्हारे स्मरण का चल-चित्र सा दिख रहा है। आँसू रुक नहीं रहे हैं और तन-मन यादों की सिहरन से भर गया है... तुम्हारा और टीचर का यह रिश्ता भी अनमोल था। दोनों ने एक दूसरे को विशिष्ट माना जीवन में। एक अलग ही लगाव था तुम्हारा अपनी टीचर से। शिक्षक तो बहुत मिले, पर वे सर या मेडम थे। पर टीचर बस एक सिनीवाली गोयल। स्पेशल टीचर। रवीन्द्र भवन में तितिक्षा जोशी को राधा और अर्पिता को कृष्ण बनाकर 'मैया यशोदा ये तेरा कन्हैया' गीत पर आपने कितनी मेहनत की थी, मुझे याद है। दोनों बच्चों का मेल नहीं हो पा रहा था। कभी राधा अपने स्टेप भूल जाती, तो कभी कृष्ण अपनी बांसुरी गिरा देते। पर फायनल प्रस्तुति इतनी सुंदर हुई थी कि उस समय बजने वाली तालियाँ अभी भी मेरे कानों में सुनाई दे रही हैं। पता नहीं राधा बनी बालिका अब कहाँ हैं, पर कृष्ण बनी बालिका भी तो पता नहीं कहाँ चली गई? और क्यों चली गयी? मेरी आँखों में नमी, हृदय में गद्गद होने का भाव और जीवन में तुम्हारे लिए आत्मविश्वास की एक नयी राह बनाने की अपनी कोशिश है। भूलती नहीं।

अंदर कमरे में एक कोलाज जैसा फ्रेम है। स्वर्ण सुख वाले भैया राकेश अग्रवाल जी ने उपहार में दिया था। उसमें तुम्हारी प्याजी कलर के लहंगे में एक फोटो सुसज्जित है। आज देखते ही याद आया। एक बार तुम्हारी तबीयत थोड़ी-सी खराब थी। तुम दो डांस ग्रुपों से बाहर कर दी गयीं। नृत्य के स्टेप कठिन थे या, तुम्हारी कमजोरी, अब तुम प्रतिभागी नहीं थीं।

तुम्हारी उदास सूरत से मैं खिन्न हो उठी। तुम्हारी प्रिंसीपल से चर्चा करने पर तुम्हें फेशन शो में भारतीय वेशभूषा प्रस्तुत करने का एक अवसर मिला था। तब यह लहंगा बना था। एक्सपेंसिव। सोनू दीदी ने इस में जरी जरदोजी की कढ़ाई करवाई थी। वेज सेंडिल पहनकर तुमने मंच पर प्रेक्टिस की थी। इतने सारे प्रतिभागियों में **मैंने तुम्हें देखा था**। सभी ने देखा था। पर आज तुम्हारा आत्मविश्वास, हाथ उठाकर दर्शकों का अभिवादन, मुझे मुग्ध और भावविभोर कर रहा है। जीवन के ये पल साधारण और असाधारण दोनों हैं। पर हम इनको मंजूषा में नहीं रखते। बह जाने देते हैं। पर शायद मैं ही पागल हूँ। भला ये भी कोई स्मृतियाँ हैं? हाँ, हैं। ये मेरे मन के कोरे कागज पर छपी हुई यादें है। जब देखो अनुभव करो, मन आत्मिक खुशी से, आँखों की कोरें आँसुओं से और घर तुम्हारी छवि की खुशबू से महकने लगता है।

कल तुम्हारे पापा सुबह बहुत खुश थे। उन्हें आज बेटी दिखी स्वप्न में और अपने पापा भी। तुम्हारे बाबा। तुम अपने कमरे में ए.सी और पंखा चलाकर लेटी हो। तुम्हारे पापा घर में घुसते हैं, तो घर के सारे गेट खुले देखकर ऊपर आते हैं, तो तुम्हें लेटा देखकर चौंक जाते हैं। अरे, अभी से सो रही हो? ''हाँ पापा अच्छा लग रहा है, तो सो रही हूँ।'' उन्होंने पापा का भी स्वप्न - दृश्य मुझे सुनाया पर मैं अर्पिता का शयन, उनका पलंग, उनकी बातचीत के चंद शब्दों में ही डूबी रही। तुम अभी भी मन की इस नदी में बह रही हो। तुम्हारा स्मृति-संसार इतना बड़ा है कि हर दिन उसमें विचरण करती हूँ। तुम्हारी सरल जीवन-यात्रा का, बहुत सारे प्रश्नों का यह विराम स्थल बन गया है। मैं इन प्रश्नों को खुद से ही पूछती हूँ।

तुम सदा खुश रहना

प्रभु, तुम कहाँ हो? किस नगर में, किस धरा पर हो? और मेरी बेटी? उसे कहाँ छोड़ दिया? तुम्हारे पास ही है न? उसका साथ कभी न छोड़ना, उसका हाथ कभी न छोड़ना, भगवन! वह तो इस माँ के कलेजे का टुकड़ा है। माँ की आँखों का तारा है। कल 26 जनवरी है। पहली बार ऐसा है कि इतने वर्षों में कविता रचने के बजाय मैं डायरी लिख रही हूँ। जब पढ़ती थी, तब भी कविताएँ लिखती थी। कितने शौक से, स्वाभिमान से, मान से, कविताएं सुनाती थी मैं। पर अब नहीं – ये छलछलाए आँसू अब मौन बन गए हैं। उथल-पुथल की बेला समाप्त हो चुकी है। पीड़ा का ज्वार मंद है। तकलीफ और दर्द का समन्दर सो रहा है। उदासी की वीणा पर विरह-राग बज रहा है!

आज तुम्हारे विद्यालय 'जवाहरलाल नेहरू स्कूल' से पुरस्कार वितरण के मुख्य अतिथि बनने का आमंत्रण आया है। मैंने चेतना बादल मेडम से कहा कि कल कॉफी टेबल बुक लाऊंगी उसकी। पर प्लीज वक्तव्य के लिए मत कहिएगा। वह समझ गयीं। उन्होंने कहा कि हम अर्पिता को बहुत याद करेंगे, पर आप दोनों कल अवश्य आइए। अर्पिता, तुम्हारे नाम की ट्रॉफी कल स्टूडेंट्स को दी जाएगी। कितना अच्छा लगेगा न? किसी ने कार्ड बनाए हैं, किसी ने पेंटिंग। किसी ने मेहंदी लगायी है तो किसी ने खूबसूरत रंगोली बनायी है। अब उसमें सर्वश्रेष्ठ बच्चों को पुरस्कार दिए जाने का अवसर आया है। मैं खुश हूँ। तुम भी खुश हो ना? आपके जाने के बाद हम तुम्हारे माँ और पापा, विशिष्ट बन गये हैं। पहली बार अवसर मिला है किसी कार्यक्रम में गेस्ट बनने का। वैसे मेरे पास बच्चों से कहने के लिए बहुत कुछ है, पर तुम्हारी याद ने, तुम्हारी विदाई ने मुझे शॉक्ड-सा कर दिया है। बहुत

सारी आँखें, बड़ा समूह देखते ही घबरा जाती हूँ। रीढ़ की हड्डी में दर्द होने लगता है... मन की दशा बडी विचित्र है। पलकों की कोरें गीली बनी ही रहती हैं। अब अनसुना-सा विलाप है। सहानुभूति के क्षण खत्म हुए। मुझे समझदार माँ की भूमिका में आ जाना चाहिए।

जीवन-पथ पर उजाला हो जाए, राह प्रशस्त हो, उद्देश्य स्पष्ट हो, कर्त्तव्य और सेवा का भाव हो, निराशा का नामोनिशान न रहे। इस आदि - अनंत के मध्य की यात्रा को सच में जान पाऊँ, बस यही लक्ष्य है मेरा। इस ध्येय में समय-यात्रा का प्रसाद छिपा है। इस प्रसाद में धैर्य है। आशा है, पत्नी धर्म है और माँ होने की तीव्र अनुभूति भी। यह भी कि इस लेखनी के पीछे भी किसी का आशीर्वाद है जो प्रवाह, प्रभाव और शब्दों में गतिशीलता के साथ हृदय के सभी मनोभावों को, कागज पर उड़ेल-सा देता है। इस शक्ति को प्रणाम करती हूँ। बाबूजी के साथ जब गोष्ठियों में जाने लगी थी तो एक बार एक सज्जन ने कहा था कि तुम भी महादेवी बनोगी। तब मुझे लगा कि कहाँ मैं और कहाँ महादेवी? पर अब समझ में आया कि पीड़ा और व्यथा को अभिव्यक्ति के लिए एक ऐसा मन भी चाहिए जो 'माँ' की भावना को, उसके वियोग को, आशीष को, आकांक्षाओं को, दुआओं को शब्द दे सके। पाठकों से क्षमा माँगती हूँ यदि आपकी आँखों से इस स्मृति-वितान के कथा- अंशों को पढ़ने से अश्रु कण गिरने लगें, या मन को उदासी की बदली घेर ले। पर सच तो यह है कि यह वियोग से मुक्ति का, दर्द की अभिव्यक्ति का, निराशा से आशा का, ना उम्मीदों से उम्मीद का छोटा-सा अध्याय है।

यह जीवन कितना छोटा-सा है और चारों ओर दुख ही दुख है। कितने एक्सीडेंट, हार्ट अटैक, प्राकृतिक दुर्घटनाएँ, हर ओर मन को झकझोरने वाली खबरें... चाहे पढ़ो या ना पढ़ो उनका घटना तय है। अब मन में अहंकार नहीं है। विनम्रता है। ऐश्वर्य के स्थान पर सादगी है। सहायता के लिए तत्परता है। कुछ करने की मंशा है। तो यह वेदना के सारे स्फुर्लिंग आप तक पहुँचाना चाहती हूँ। ताकि अपनों के स्नेह की, स्मरण की, एक माँ की धीरज यात्रा की कहानी आप तक पहुँचे। हाँ, धीरज यात्रा की। जीवन में सभी की परिस्थितियाँ अलग होती है। अनुभव, सघर्ष और ताकत भी अलग ही होती है। पीछे मुड़कर देखती हूँ तो धैर्यवान सुषमा को पाती हूँ। ईश्वर,

इस जन्म में क्या सीखना है मुझे? अध्यात्मिक ज्ञान न होने से, मैंने तुम्हारे प्रशिक्षण को बड़ा सतही समझा। अब चेतना के अनेक स्तरों और डायमेंशन की दुनिया के आध्यात्मिक और वैज्ञानिक चित्र देखकर तुम्हारे अति-विशिष्ट प्रशिक्षण की अनुभूति होती है। मैं स्वयं भी जान पाई हूँ कि जीवन में आसक्ति नहीं होना है। मोह से मुक्ति। यही एक आश्रय मिला है मुझे। मन की आंतरिक उलझनों से मुक्त होना है मुझे। सवाल, उत्तर, ख्याल, चेतना ये स्वयं से ही पूछना है। मेरा 'मैं' ही मुझे उत्तर देगा। घर में अभी भी उदासी है। नीरवता है। मौन है। पर तुम्हारी स्मृति से मेरा मन कभी-कभी मुस्कुराता है। सब कहते हैं, उसे अच्छे से याद करो। मुझे लगता है भूली तो मैं हूँ नहीं। पर तुम्हें याद करके मुस्कान भी आ सकती है, यह नहीं सोचा था।

तुम्हारा बहुत हैवी-सा लहंगा किसी की शादी, फंक्शन का इंतजार कर रहा था। सो एक दिन तुमने भारी कढ़ाई वाले लहँगे को मेहरून साटन के जरी वाले टॉप के साथ पहन लिया था। मेहंदी कलर की चुन्नी को तुमने स्टाइल से हाथ में डाला हुआ है। स्लीवलेस टॉप पर गोल्डन जरी वाली लेस, गोल्ड का नेकलेस और चश्मे के पीछे चमकती आँखें, उन आँखों में शृंगार का काजल, यह काजल की कथा भी अनोखी है। कभी फुरसत से सुनाऊँगी। अभी तो बस ये कि काजल लगाए बिना उनका मेकअप, पूरा नहीं होता था। भगवान ने इतना गोरा रंग दिया कि काजल लगते ही आँखें बोलने लगती थीं और उनकी भोली सूरत पर चार चाँद लग जाते। यह फोटो तुम्हारे स्वस्थ और सक्रिय जीवन का साक्षी है। मैं तुम्हारी इस छवि को देखकर मौन हूँ। मुदित हूँ।

तुम्हारे फोटो को सहेज कर मोबाइल में रख रही हूँ। हर रोज गूगल पर ढेर सारे फोटो आते हैं। शायद ही कोई दिन ऐसा होगा, जब तुम्हारी हँसती-मुस्कुराती फोटो न दिखें। कभी-कभी तो तुम्हारी सुंदर, भोली तस्वीर को देखते ही रहती हूँ देर तक... कभी-कभी रो पड़ती हूँ। एक दिन विभाग में अकेली थी। उस दिन तुम्हारे गाते, मुस्कुराते फोटो देखकर फूट-फूट कर रो रही थी। पूनम मैडम अचानक विभाग में आई और फिर मुझे संभाला। पर मैं तुम्हें देखकर मुस्कुराना चाहती हूँ निधि।

लो, हम भी चीफ गेस्ट बन गए!

अभी कल ही तुम्हारे विद्यालय गए। चीफ गेस्ट बनकर, पेरेंट्स बनकर। कितनी बार तुम्हारा स्कूल देखा होगा, पर आज सब कुछ नया-नया-सा था। संचालन बच्चे ही कर रहे थे। मुझसे झंडावंदन, दीप प्रज्वलन और पुरस्कार वितरण करवाया गया। स्पोर्ट्स, मेधावी स्टूडेंट्स और डांस के प्राइज भी मुझसे दिलवाए गए। यह पहला मौका है निधि, जब मैं किसी कार्यक्रम की अतिथि बनी। जब अर्पिता स्मृति मुख्य पुरस्कार देने की बारी आई तो तुम्हारे पापा को भी मंच पर बुलाया गया। प्रथम, द्वितीय, तृतीय पुरस्कार की तुम्हारे नाम की ट्रॉफी बच्चों को देकर बहुत अच्छा लगा। तुम थीं न वहाँ? जरूर होगी। पर जब प्रिंसीपल चेतना बादल ने तुम्हारी खूबियों की चर्चा की, तो आँखें भर आईं। तुम्हारी स्पोर्ट्स टीचर रजनी ने फेयरवेल पर तुम्हारे द्वारा दी गयी स्पीच और कविता की दिल से तारीफ की और याद किया। मेरा दिल बार-बार भर आ रहा था। पता नहीं क्यों? शायद इसीलिए कि तुम भी यह सब चाहती थीं। और अब भी जो चाहती हो, वह हो रहा है। मैंने तुम्हारी इच्छा की किसी से चर्चा नहीं' की, पर चेतना मेडम ने मंच से घोषणा की तो मैं दंग रह गयी! क्या आध्यात्मिक बातें सत्य है? क्या तुम मुझे सुन रही हो? तो सुनो। इस बार बहुत सर्दी है यहाँ। जरा ठीक से रहना।

यह भी हो सकता है कि तुम्हारे किसी आयाम में हम सब तुम्हारे साथ हों। तुम्हें अहसास भी न हो कि तुम अब अर्थ पर नहीं हो। एक नीता भोजवानी है। 'ज्ञान भारत' पर ज्ञान की बातें बताती हैं। उन्हीं से सुना कि ऐसा भी हो सकता है कि हम वहाँ उच्च आकाश में, धरती जैसी दुनिया में रह रहे हों। वही मित्र, वही उनका साथ... पर यदि ऐसा है तो अपना भी ख्याल रखना। सुन्दर-सी पेंटिंग रचना। उसे एक ऐसा नाम देना जो ख्यालों

के परे हो। रंगों के इन्द्रधनुष से उसे मेरे मन के आकाश पर सजाना। तुम्हारी स्मृतियों के कैनवास में प्राण आ जाएँगे।

गूगल पर कल वीडियो देखा तुम्हारा। तुम नये साल के स्वागत में केक काट रही हो। वासु एक छोटा सा टुकड़ा चखकर चले गए हैं और मैं कह रही हूँ कि केक मुझे भी खिलाओ ना। तुम स्वेटर में सजी हो। हँसी के मारे दोहरी हुई जा रही हो। हमारी बातचीत एकदम सहज है। पता नहीं वीडियो कौन बना रहा है। तुमने मुझे तो केक खिलाया नहीं? हैप्पी न्यू ईयर तो कहा भी नहीं। मेरी शिकायत पर तुम खूब हँसी हो।

बाँटो, अपनी यादों से मुस्कुराहटें

लगता ही नहीं कि तुम मेरी दुनिया, मेरे आकाश, मेरे आँगन में नहीं हो। लोग कहते हैं कि समय ही दर्द की दवा है। पर अब दर्द ही रोग है, दर्द ही औषधि है। हमें पता है कि जीवन की यह लंबी यात्रा पूरी तो करनी ही होगी, तो फिर तुम्हें याद करते हुए, तुम्हारे लिए कुछ करते हुए की जाए। सोच रहे हैं कि एक अर्पिता फाउंडेशन खोला जाए। जहाँ भी जैसी भी जरूरत होगी, इस फाउंडेशन से पूरी करेंगे। शायद तुम्हें अच्छा लगेगा। तुम्हारी स्मृति में भाई, पापा, टीचर, सोनू और गुड़िया दीदी से अपने भाव-संस्मरण लिखने को कहा है। मुझे पता है, तुम सबको कितनी प्यारी थीं। मेरी तो अब भी हो। कभी-कभी ऐसा लगता है कि कोई अपना मिले जिससे गले लगकर खूब रोया जाए। इन आँसुओं से घबराकर कोई जबरन पानी न पिलाए, तुम्हारी तकलीफ का हवाला देकर चुप रहने को न कहे, मेरे हाल को देखकर कसम देकर आँसू न पौंछ दे, बस रोने दे। इन आँसुओं को बह जाने दे। पर ऐसा होता नहीं निधि। सामने वाले ने यह मान लिया है कि अब इस माँ के आँसू सूख ही गए होंगे। या फिर रुलाने से क्या फायदा। घाव हरे हो जाएंगे। सो यह उथल पुथल तो है, व्याकुलता और विरह-व्यथा तो वैसी ही है। यादों की बारात और अंताक्षरी के गानों की तरह स्मृतियाँ आती जाती, वैसी ही हैं- बस एक अग्नि जो धधक रही थी अंदर, मंद पड़ गयी है। शायद ज्ञान के छीटों से... समय के थपेड़ों से... या फिर कर्त्तव्य-बोध से।

मैंने मान लिया है कि विलाप से अब कुछ नहीं होगा। खुशियों की बाट जोह रही हूँ। जीवन यात्रा में ऐसा लग रहा है जैसे हम ठगे से रह गए हैं। सब कुछ है, पर कोई सब कुछ सामने से ही चुरा ले गया है। भविष्य में ये सब वरदान लगेगा, पता नहीं। तुम अपनी दुनिया में भी यह सब भोलापन,

मुस्कुराहट, अपनापन, सच्चाई और खुशियाँ बाँट रही होगी। तुम हो ही इतनी प्यारी। एक दिन ऐसा आएगा जब तुमसे छोटे बूढ़े हो जाएंगे। पर तुम ऐसी ही रहोगी। चिर-युवा। कल मुँह से निकल गया था कि फरवरी मेरे लिए अच्छी नहीं है फिर खुद से ही सॉरी बोला। नहीं कहूँगी। कभी नहीं कहूँगी। हर दिन अपने साथ चुनौती, खुशियाँ, साँसें लेकर आता है। उन्हें खुद ही जीना है। खुशी भी और चुनौती भी।

एक दिन कॉक्रोच मारने के लिए झाड़ू उठाई फिर उसे जाने दिया। पता नहीं क्या ख्याल आया मन में। शायद ईश्वर 'जीव' के प्रति दया सिखाना चाहते हों। हालांकि मच्छर कान पर संगीत सुनाएगा तो मारना ही पड़ेगा ना? अच्छा बेटा,अब तुम खूब खुश रहना। आपकी दुनिया में और भी बहुत कुछ सीखने को होगा ना? प्यानो जरूर बजाना सीखना। तुमने कोविड में सीखा था ना? इस बार राम प्रतिष्ठा के समय कभी टी.वी. पर, कभी रेडियो में, कभी यूट्यूब पर वही लवकुश 'गीत' खूब सुनाई दिया, जिसे तुम बजाती थीं मनोयोग से- **'हम कथा सुनाते सकल रामगुण धाम की ये रामायण है पुण्य कथा श्रीराम की'।**

तो प्यारी बालिके, शयन करो। तुम्हारे नैतिक - अरे वही, अक्षरा के पति करन मेहरा - एक नये सीरियल में आ रहे हैं **मेहंदी वाला घर में।** सुनकर अच्छा लगा न? चलो, अब शुभरात्रि, गुडनाइट- मुझे भी सुनाई दिया 'गुडनाइट माँ'।

मेरा अनमोल सितारा

जीवन की गति मंथर है पर चल रहा हैं... शायद इसीलिए जिंदगी को 'चलती का नाम' कहते हैं। निधि, तुम्हें गए हुए बहुत दिन हो गए हैं। अब तो अपना ही कहा गया बार-बार पढ़ने को दिल करता है। अच्छा हुआ, जो आँसुओं को स्याही समझा और कागज को जिंदगी की स्लेट... अब कोई चाहे भी तो इसे मिटा नहीं सकता। मेरी यादें अमिट हैं, हमारी बातें अमिट हैं। तुम्हारे जाने के बाद इस मन से निकलीं आहें, कराहें भी सच्ची है। यह मेरी भावनाओं का ज्वार है, जो फूट पड़ा है। मन की उलझी हुई तकलीफ और व्यथित हृदय की सच्ची रूदन-पीड़ा है। पर अब बदलाव है। नींद, भूख, प्यास और साँसें बदस्तूर हैं। बल्कि ज्यादा खाने लगी हूँ। तुम खुश हो जाओ यह जानकर कि अब पोहा भी बनाती हूँ और साबूदाने की खिचड़ी भी। पुलाव भी बनता है, और दाल चावल भी। बाजार से कभी समोसे आते हैं तो कभी कचौड़ी भी।

यह ग़मगीन उदासीन घर थोड़ा-सा संभल गया है। मन:स्थिति सुधरी है। पर शायद मेरा प्रशिक्षण अभी इंतजार कर रहा है। कामकाज पर टीका-टिप्पणी, ईमानदार कोशिशों पर कटाक्ष, मेरी चुप्पी की शल्य चिकित्सा और सर्जरी अब असहनीय है। उस दिन ऐसी ही मारक और चुभनेवाली टिप्पणी से मैं आहत हो गयी। कान, कनपटी सब गर्म हो गए। रीढ़ की हड्डी में दर्द होने लगा और आँसू नियंत्रण के बाहर हो गए। कैसे बताऊँ सभी को कि माँ के हृदय का यह टुकड़ा, यह अनमोल सितारा, यह सच्चा मोती कहीं खो गया है, उस माँ को वक्त चाहिए। मेरी गुड़िया, पिछले वर्षों के फोटो में कितनी खुश, कितनी स्वस्थ, कितनी स्मार्ट लग रही हो और मैं भी। अब तो मुझे तुम्हारी चिर- विदाई ने मथ डाला है।

कल ही एक खबर ने बहुत परेशान किया। शिरडी पुरम में रहने वाली संध्या पाठक ने कल आत्महत्या कर ली। छह माह पहले ही हार्ट अटैक ने पति छीना था। और तीन महीने पहले कैंसर ने बेटी को छीन लिया। अवसाद इतना बढ़ा, दर्द असहनीय हो गया। पीड़ा की तीव्रता और एकाकीपन ने शायद उन्हें तोड़ डाला। 'बेटे' का ख्याल भी नहीं किया, और जीवन की चुनौती से डर कर, घबराकर, हताशा की चरम-सीमा में यह कदम उठाया। एक शिक्षिका ने अपने विद्यार्थियों को कितनी सकारात्मक बातें कहीं होंगी। कितनी प्रेरणा दी होगी आगे बढ़ने की, पर स्वयं ही इन कठिनाइयों से जीत न सकीं। मैं उन्हें नहीं जानती। पर यह खबर चीर गयी मन को। अपनों की यह विदाई कितनी मर्मांतक है? मुझसे बेहतर कौन जान सकता है।

ईश्वर, तुमसे प्रार्थना है कि मेरी बेटी की स्मृतियों का जो वितान रचा है, उसमें उसके होने की खुशबू सदा बनी रहे। जीवन के ऐसे कितने सारे क्षण हैं, जो मन को प्रसन्नता से भर देते हैं। तुम्हारे गीत, तुम्हारी हँसी, तुम्हारी बातें, तुम्हारी पेंटिंग, तुम्हारे शीर्षक, तुम्हारे चुटकले, तुम्हारे सुनाए मित्रों के संस्मरण, कोविड के समय हमारा ध्यान रखने के तुम्हारे प्रयास, तुम्हारे चेहरे का लावण्य, तुम्हारे अपनेपन की रंगोली, सच्चे मन से तुम्हारा मुझे माँ कहना- मैं ही नहीं, पूरा घर याद कर रहा है। उदासी न रहे, इसलिए लिख रही हूँ। खुशियाँ आ सकें, इसलिए कह रही हूँ। तुम्हारा वियोग सह रही हूँ। इतनी बड़ी विपदा के बाद, इस दुनिया में रह रही हूँ। तुम सदा खुश रहना मेरी बच्ची। हम तुम्हारे प्यार के ताप को, तुम्हारे ऊष्मा - स्पर्श को मन में समाए हुए हैं। यह जीवन - यात्रा में जीने का, हँसने का, चलने का, गुनगुनाने का पाथेय है। देखते ही देखते एक वर्ष बीत गया। इस 24 फरवरी को तुम्हें गए पूरे 365 दिन हो गए हैं।

कितनी प्यारी स्मृतियों का है यह संसार? कितना अपनापन है इसमें? मेरी प्रिय निधि का प्यार, आशीर्वाद, दुआएँ, उम्मीदों का पवित्र झरना है इसमें। मेरी बिटिया की यादों ने मुझे विनम्र और सरल बना दिया है। अहंकारी तो मैं पहले भी नहीं थी पर सब कुछ परमात्मा का दिया जान पड़ता है। मेरी तड़प और कसक के लिए मुझे क्षमा करना मेरी बेटी। मेरा बिलखना, मेरी तड़प सब कुछ एक माँ की स्वाभाविक प्रतिक्रिया है। पर मैं

तुम्हारी राहों को सजाना चाहती हूँ दुआओं से, शुभकामनाओं से... तुम्हारे लिए एक ऐसा सपना संजोया है, जिसमें खुशियों के गार्डन में खुशबू-सी, तुम तितलियों के साथ उड़ रही हो।... यह गार्डन जैसे चंदन-वन है। मेरी अर्पिता इस खुशबूओं के बगीचे में झूले पर बैठी है। मेरी कल्पनाओं में मेरी बिटिया अपनी आशाओं के मुक्त झूले में बैठी है।... मेरी प्यारी दीदी, तुम्हारे आकाश पर, तुम्हारी ऊँची उड़ान पर, तुम्हारी खुशियों पर, तुम्हारी उम्मीदों पर केवल और केवल तुम्हारा ही अधिकार है। तुम्हारी मुस्कान पर मैं वारी-वारी जाती हूँ। यह लज्जा से भरी मुस्कुराहट, यह उन्मुक्त हँसी, यह पेंटिंग रचने वाली कलाकार की छोटी-सी जीवन यात्रा के 365 दिन पूरे हो गए। खुश रहो। सदा सर्वदा।

मैं समझ गयी हूँ कि तुम्हारी अपनी एक दुनिया है। सब कहते हैं कि तुम हो। कहीं नहीं गयी हो, पर तुम्हारी माँ के मन को यह विश्वास अभी तक नहीं आया है। अध्यात्म कहता है कि तुमने इस धरती पर, इस घर में रहकर, इस माँ के हृदय का टुकड़ा बनकर, भाई, पापा को जीवन का अर्थ सिखाकर अपना कार्य पूरा किया। फिर ईश्वर के पास वापस लौट गयीं। अब तुम खुश हो, मुक्त हो, पूर्ण संतुष्ट हो, निर्मल हो, सम्पूर्ण हो। अभी तक तुम्हारी ओर से कोई सवाल, कोई जिज्ञासा, कोई व्याकुलता मुझे नहीं मिली। अच्छा हुआ, नहीं तो मैं क्या उत्तर देती निधि? मेरे सवाल भी निरुत्तर है।

अभी तो तुम्हें एक नया ऊँचा, सुन्दर, चमकदार आसन और आसमान मिल गया है। तुम्हारे अवसान की पीड़ा धुंधली हो रही है धीरे-धीरे...। तुम्हारे पवित्र चेहरे पर मासूम सी मुस्कान है। प्यारी- सी हँसी है। तुमने एक बार कहा था कि जब मैं चली जाऊँगी तो सब बहुत रोओगे। यह बात मुझे वासु ने बतायी है। मुझे पता है- तुमने अपनी इम्पोर्टेंस बढ़ाने के लिए यह बात कजिन्स के बीच में कही होगी। तुम खुद को बहुत स्पेशल मानती थी न लब्की। पर अब लगता है, यह सच है। तुम गयी तो अपने साथ मेरी हँसी ले गयी। अब किसी भौतिक सुख की चाह नहीं। ईश्वर ने सब कुछ तो दिया है। तुम्हारी याद में मुस्कुराने का प्रयास करती हूँ। तुम्हारी वह निष्पाप हँसी और खिलखिलाहट मेरी प्रेरणा है। मैंने इस दुनिया को फिर से बताया है कि तुम क्या थी मेरे लिए-हमारे लिए। तुम एक खुशदिल, नेक, सच्ची और अच्छी

बच्ची थीं। सॉरी! अब तो तुम युवती थीं यार... अब तुम्हारे सपनों में रंग हों, तुम्हारे मन में उमंग हो, तुम्हारी उम्मीदें प्रेम से भरी हों। मेरी इस यात्रा में तुम्हारे होने की खुशबू मिले, तुम्हारे 'आशीर्वाद और दुआओं' की अनुभूति मिले, विलाप को विराम और विश्राम मिले, बस यही विनती है प्रभु से और तुम से भी। हाँ, विनती। अब तुम हम सबकी पूज्या हो ना। अब तुम एक ज्योति पुंज बन गयी हो... अमिट, अमर जगमगाती-सी ज्योति। आजकल आँख बंद करने पर ज्योति नहीं दिखती। या तो मुझसे नाराज़ हो या फिर मुझसे लुका छिपी खेल रही हो! मेरी गुड़िया, अब बंद करो यह खेल। बस एक बार कह दो 'माँ', अब आप रोना बंद करो। मेरी चिंता मत करना। मैं चली, मैं चली, देखो प्यार की गली। बताओ बेटा, मैं किसके साथ खेलूँ अब अन्ताक्षरी? किसके साथ बाँटू ये कॉलेज के किस्से? किसको सुनाऊँ यह अपनी व्यथा-कहानी?

लो, मैं तो तुम्हें मुक्त ही नहीं होने देती। तुम्हारी निवेदिता मौसी फिर से डाँट देगी। ठीक है, मेरे पास वासु है ना, मैं अब उसकी शादी करूँगी। 'बहुत मजा आएगा तब... नेग में तुम्हारे लिए अंगूठी लाएँगे। पर हम सब तुम्हारी याद में बहुत रोएंगे... नहीं रोएँगे, एक दूसरे का सहारा बनेंगे। गीत गाएंगे। बना - बन्नी। **नीले अंबर से मेघ बरसता है, बरसता है, बन्नी तेरे लिए बन्ना तरसता है।** तुम्हारा बृजेश की शादी में गाया गीत अभी भी याद है मुझे। पर तुम्हारी याद तो बहुत आएगी। चलो, पर कोशिश करेंगे प्यारी-सी, सुन्दर-सी, भाभी लाने की। इस जीवन को भरना है खुशियों के रंग से, तुम्हारी होने के उत्साह से, तुम्हारी कामनाओं की पूर्ति से... जीवन हमें कुछ सिखाना चाहता है। धैर्य, संयम और ज्ञान से हम सीखेंगे यह प्रशिक्षण। एक बात मन में है। अब रहने देती हूँ। कल पूछूंगी।

तुम्हारे लिए रैदास सर ने इतने सुंदर भाव प्रस्तुत किए हैं कि मैं उन्हें सभी को पढ़वाना चाहती हूँ। उन्होंने कहा कि आज अवसर है दो कृतियों पर साहित्यिक संवाद, चर्चा, समीक्षा और उनके वैशिष्ट्य या परीक्षण पर विमर्श करने का। ये रचनाएँ हैं- **'स्मृतियों में तुम,'** और **'आजाद हूँ मैं'** जिनका शब्द गुम्फन प्रो. सुषमा जादौन जी ने किया है। पहली कृति संस्मरण डायरी है और दूसरी रचना है 'कॉफी टेबल बुक' ये दोनों 'काव्यकल्प' आपने अपनी पाखी, तितली, और मैं कहूँ तो प्राणप्यारी 'गौरैया' बिटिया अर्थात्

जिसका घर का निक नेम (सम्बोधन) निधि है, की स्मृति को साकार, मूर्त और अजर अमर बनाने या कहूँ कि अपने जीवन का पाथेय और जीने का सहारा या संतुष्टि का 'अमृत-कलश' बनाने की लालसा में किया है। किन्तु साहित्य केवल शब्द और अर्थ का संयोग मात्र नहीं है, वह शास्त्र की कसौटी पर परखने का एक मेय (नापने योग्य) पदार्थ भी है। कालिदास स्पष्ट कहते हैं –

अपरितोषाद् विदुषां न साधुमन्ये प्रयोगविज्ञानम्।
बलवदपि शिक्षितानामात्म्न्याप्रत्यय: चेत:।।

जब तक साहित्यशास्त्र मर्मज्ञ सहदयजन संतुष्ट न हो जायें, तब तक मैं अपने प्रयोग को (नाट्य-अभिनय) अथवा काव्य सर्जना को सफल नहीं समझता। क्योंकि कोई भी विद्वान कितना भी बड़ा कवि या लेखक क्यों न हो, वह स्वयं पर कभी भरोसा कर ही नहीं पाता जब तक कि वह काव्य, विशेषज्ञ मनीषियों के द्वारा काव्यशास्त्र की कसौटी पर परखा नहीं जाता।

जिस दिन से लेखिका ने इन कृतियों को आकार देना प्रारभ किया उसी दिवस से इनके अन्तर्मन में एक शंका घर कर गई कि मैं अपने लक्ष्य को प्राप्त कर सकूँगी अथवा नहीं। मेरी तूलिका मेरी पाखी के जीवन पलों को मूर्त कर पाएगी अथवा प्रबुद्ध लोग कहीं इसे आत्मस्तुति न कहने लग जाएँ! जैसा कि भवभूति के साथ हुआ था और महाकवि भास के साथ भी! और यह स्वाभाविक भी हैं। क्योंकि मम्मट ने काव्य हेतुओं की चर्चा में ये बात कहीं है कि– कवि या लेखक बनना आसान काम नहीं है। वे कहते हैं–

शक्ति निपुणता लोकशास्त्र काव्याद्यवेक्षणात्।
काव्यज्ञ शिक्षयाऽभ्यास: इति हेतु स्तदुद्भवे।।

जब तक कवि में नवनवोन्मेषशालिनि प्रज्ञा, प्रतिभा नहीं होगी, उसे लोक व्यवहार और शास्त्रों का ज्ञान नहीं होगा। साथ ही उसने जो कुछ भी मनन चिन्तन के फलस्वरूप लिखा है उसका काव्यज्ञों अर्थात् काव्य का परीक्षण करने वाले विशेषज्ञ पारखियों से परीक्षण कराकर बार-बार अभ्यास नही किया होगा, तब तक उसकी निर्मिति, सर्जना या रचना प्रशस्त और

प्रशंसनीय भला कैसे हो सकती है। आज का यह साहित्यिक चर्चा का मंच इसी उद्देश्य या प्रयोजन की दृष्टि से लेखिका जी ने माननीय प्राचार्य जी की सहृदयता के प्रतिफल स्वरूप आयोजित किया है। मैं माननीय प्राचार्य महोदय जी को साधुवाद और बधाई देता हूँ कि आपने काव्य करुणा की स्रोतस्विनी में आलोढ़न कर पुनीत कार्य तो किया ही है, साथ ही अपने साथियों की प्रतिभा, दर्द और वेदना, संवेदना के साथ ही उनकी ऊर्जा को प्रवृद्ध किया है, प्रोत्साहित किया है।

मैंने इन दोनों **काव्यपुष्पों** का अवलोकन कर काव्यतत्वों की दृष्टि से इसे पढ़ने का प्रयास किया है। ये कृतियाँ करुण रस से जन्मी वाल्मीकि की व्यथा तुल्य हैं। रामायण का आकल्पन बहेलिये के द्वारा अपने प्रियतम क्रौञ्चवध से तड़पती क्रौञ्ची के क्रन्दन और महर्षि वाल्मीकि के हृदय दलन से हुआ। यह भयंकर अद्भुत, विस्मयकारी दृश्य कवि ने पहली बार देखा और उनकी करुण विगलित होकर अनुष्टुप् में फूट पड़ी–

मा निषाद प्रतिष्ठां त्वमगम: शाश्वती: समा:।
यत्क्रौञ्च मिथुनादेकमवधी: काममोहितम्।।

अरे बहेलिये, तुझे समाज हमेशा धिक्कारेगा, मैं शाप देता हूँ, क्योंकि तूने काममोहित क्रौञ्च का वध रूप जघन्य अपराध किया है। क्या ये विधि का विधान था या भवितव्यता थी या **लौकिककाव्य** के जन्म की गाथा कथाव्यथा थी। जो बाद के कवियों का पाथेय बनी। इसीलिए वाल्मीकि आदिकवि है और रामयाण आदि काव्य हैं। जो लोक भाषा में निबद्ध है। सच तो यह है कि काव्य की जननी करुणा है, कविता करुणा से फूटी है, उत्पन्न हुई है। यहाँ क्रौञ्ची और पाखी करुणा के निमित्त हैं। भवभूति राम को बिलखते हुए देखकर कहते हैं–

एको रस: करुण एव निमित्तभेदात्।

काव्य में तो रस केवल एक करुण ही है वह निमित्त भेद से आठ या नौ रसों में बँट गया है। लेकिन सबके मूल में करुणा ही विद्यमान है। करुणा का स्थायी भाव शोक है। अब ये भाव क्या है, स्थायी भाव, अनुभाव और

संचारी भाव क्या हैं। हमारे शांत चित्त में जब कोई अनुकूल या प्रतिकूल घटना घटित होती है, तो हमारा हृदय द्रवित या विगलित हो उठता है, पिघलने सा लगता है। शांत हृदयोदधि में अनन्त, असंख्य, असीमित तरंगें सुख-दु:ख के साथ उठने लगती है, उत्पन्न होती हैं, यह भाव हैं। भवति इति भाव:। जो पैदा होते हैं किसी कारण से वे ही भाव कहलाते हैं। हर प्राणी में रति, हास्य, शोक, क्रोध, उत्साह, भय, जुगुप्सा और विस्मय तथा शांत ये नौ स्थायी भाव नौ रसों को जन्मते हैं। शृंगार, हास्य, रौद्र, करुण, वीर, अद्भुत, बीभत्स और भयानक। हमारे अन्दर तैंतीस संचारी भाव होते हैं जो हमेशा संचरणशील या गतिशील रहते हैं। निर्वेद, ग्लानि, शंका, असूया, मद, श्रम, आलस्य, दैन्य, चिन्ता, मोह, स्मृति, धृति, व्रीडा, चपलता, हर्ष, आवेग (घबराहट) जाड्य, (जड़ता), गर्व, विषाद, औत्सुक्य, निद्रा, अपस्मार (स्मृति नाश) सुप्त, प्रबोध, अमर्ष (कोप), अवहित्थ (लज्जा के कारण हर्ष को छिपाना)। उग्रता, मति, व्याधि, (मन: सन्ताप) उन्माद, मरण (मूर्च्छा प्राणगमन), त्रास और वितर्क (सन्देह)।

जब मैने इन दोनों कृतियों को पढ़ा तो मैं उक्त संचारी भावों को खोजने लगा। क्योंकि यह तो निश्चित हो चुका था कि यहाँ करुण रस की सर्वत्र अभिव्यक्ति है, करुण रस का स्थायी भाव शोक सर्वत्र व्याप्त है। 'स्मृतियों में तुम' इस डायरी के छप्पन सोपान हैं। प्रत्येक सोपान पर तैंतीस संचारी भावों में से कोई न कोई अपनी उपस्थिति से परिचित करा रहा है। वह एक नये पड़ाव की प्रतीति कराता है।

अब स्मृति क्या है? दर्शन कहता है- **'ज्ञात विषयं ज्ञानं स्मृतिः'।** अर्थात् जन्म से आजीवन हम जो कुछ भी ज्ञान अर्जित करते हैं चाहे वो आत्मपरक हो या अन्यपरक। इसमें रिश्तों के ताने बाने से लेकर दृश्यादृश्य जगत का समग्र ज्ञान भण्डार स्मृति का विषय है। सो लेखिका ने अपनी **गौरैया** के जन्म संस्कार से लेकर अंतिम विदाई के क्षणों तक की यादें, इस कृति के दो भागों में आंसुओं की मसी से उकेर डाली हैं या आंसुओं के मोतियों की करुणमाला ग्रथित कर हमारे सामने रख दी है। ये केवल लेखिका की स्मृति नहीं है, अपितु हर उस लेखक और पाठक की स्मृति है, अनुभव है, वेदना, पीडा, दर्द, हूक और मार्मिक संवेदना है, जो सहृदय है, विचारक है, चिन्तक है, मानव है, दुखी और बिलखता घायल है। कबिरा दु:खिया सब संसार हैं। दु:ख त्रयाभिघात है।

'मेरी स्मृतियों में तुम' यह इस डायरी का प्रथम शीर्षक या सोपान है जिसका एक वाक्य मेरे हृदय को गहरे तक छू गया- ''आज यह बिजली मुझ पर ही गिर पड़ी। पता नही था कि सरोज स्मृति पढ़ाते- पढ़ाते, अर्पिता स्मृति भी लिखूंगी।'' मेरे साथ भी हूबहू यही घटित हुआ। मैं एम.ए. के छात्रों को नैषधमहाकाव्य का हंसविलाप पढ़ा रहा था जिसमे राजा नल के द्वारा हंस को पकड़ लिये जाने पर, राजा को धिक्कारता हुआ हंस करुण विलाप करता है और विधि को भी कोसता है।

मदेक पुत्रा जननी जरातुरा, नवप्रसूतिर्वरटातपस्विनी।
गतिस्तयोरेषजनस्तमर्दयन अहो विधे: करुणा त्वां रुणद्विनो।।

यहाँ पर हंस विधाता को उलाहना दे रहा है और अपनी वेदना व्यक्त करता हुआ कहता है कि मेरी अत्यन्त वृद्ध जननी है जिसका मैं एकमात्र पुत्र ही सहारा हूं और मेरी नवप्रसूता जिसने अभी-अभी शिशुओं को जन्म दिया है। इन दोनों के जीवन का आधार मुझ जैसे निरीह प्राणी (व्यक्ति) को राजा के हाथों कैद कराते हुए हे विधाता तुझे करुणा ने रोका नहीं? यहाँ इस कृति का हर शब्द चीखता हुआ प्रतीत होता है और वाक्य बिलखता हुआ सा दीखता है। जैसे *कैसे भुलू तुम्हें? कैसे जियूँ? कौन है नियन्ता? बेटा तुम कहाँ हो? मैं माँ हूँ। हँस दो ना बेटा और तुम गगन की पाखी।* जब मुखड़े ही इतने मर्म भेदी हृदय को विदीर्ण कर देने वाले, प्रभावी और मर्माहत करने वाले हैं तो विषय विवरण या वर्णना कितनी गहन गंभीर और घायल कर देने वाली है, आप पढ़कर तो देखिये सही। मुझे राम के वन गमन का वह प्रसंग स्मरण हो रहा है, जब नगर के बाहर चार कदम रखते ही सीता के मुख पर पसीने की बूंदें झलकने लगती हैं और वे बड़ी मासूमियत के साथ राम से पूछती हैं कि आर्यपुत्र अभी कितना और चलना है एवं पर्णकुटी कहाँ बनाओगे। अपनी प्राणप्यारी सीता की ऐसी हृदयस्पर्शी बातों को सुनकर राम की आँखों से टपटप आँसू गिरने लगे। तुलसी की मार्मिक शब्दावली में इस करुणा का दृश्य देखा जा सकता है-

पुरते निकसीं, रघुवीरवधू धरिधीर दये मग में डग द्वै।
जल की भरी भालकनी, झलकीं, पुट सूख गये, अधराधर द्वै।।

फिरबूझति हैं चलिनौ कैतिक, करिहाँ पर्णकुटी कितै हवे।
तिय की सुनि बतियाँ हिय की, पिय की अँखियाँ चारु चलीं जल च्वै ।।

यहां इस कृति में सुषमा जी का प्रयोजन वही है जो आचार्य मम्मट के काव्य का है –

काव्यं यशसेऽर्थकृते व्यवहारविदे शिवेतरक्षतये।
सद्यः परिनिर्वृत्तये कान्ता सम्मिततयोपदेश युजे।।

उन्हें इन दोनों रचनाओं से 'सद्‍य: परिनिर्वृत्ति' अवश्य मिली है। तुलसी भी तो कहते हैं –

'स्वान्तः सुखाय तुलसी रघुनाथ गाथा भाषानिबन्धमतिमंजुलमातनोति।'

अत: मेरा अपना मानना है कि मैंने इन कृतियों को काव्य की कसौटी पर खरा और सफल पाया है।

लेखिका की दूसरी कृति जो कि उनकी वियुक्ता पुत्री **'निधि'** की तूलिका से उकेरे गये नाना रूपों में रूपायित सत्तर चित्रों का चित्र विचित्र एवं चकित करने वाला मंजुल और मनोहारी संसार है, संग्रह है। जिनमें असीम भावों की अभिव्यंजना हो रही है। नानाविध रंगों में रंगे ये इन्द्रधनुषी चित्र दृष्टा को अन्तहीन गहराई तक पैठने के लिये विवश कर देते हैं। इन चित्रों में दृश्य जगत का हर प्रतीक साकार और मूर्त हुआ है जो मनमोहक है, हृदय आवर्जक है और दृष्टा मात्र को विह्वल करता है। प्रत्येक चित्र पर गहरे रंगों के बीच निधि बिटिया के हस्ताक्षर अपनी अमिट छाप छोड़ रहे हैं। रचनाकर्त्री ने इस **'कॉफी टेबल बुक'** को **'आजाद हूँ मैं'** यह शीर्षक प्रदान किया है जो सार्थक और स्वाभाविक है। लेखिका ने इन चित्रों को भाषा के बहुविध रीति, गुण तथा रसायन के शब्दों का सुन्दर आकार दिया है। जिसे पढ़कर ऐसा प्रतीत होता है प्रत्येक चित्र मानो साकार और सजीव होकर स्वयं बोल रहा है। वैसे तो प्रत्येक चित्र अपने आप में पूर्णता और सार्थकता लिये हुए हैं किन्तु यहाँ दृष्टान्त स्वरूप कुछ चित्रों के मुखड़े दृष्टव्य हैं – सपने, सुबह हो गयी, दुनिया का मेला, रंग बदलते बादल,

डोली, पतंग, वसन्त, उजाले की किरण, बचाओ धरती को, अंधेरा घिर आया, दुनिया मेरी मुठ्ठी में और मेरा सपना पूरा हुआ। साथ ही बहुविध रंगों से रंजित इन चित्रों में प्रकृति के दृश्य कमतर नहीं हैं।

यहाँ धरा है। गगन है, पवन है, अगन है, नीर है, और नीरद (बादल) हैं। साथ ही मानव मनोविज्ञान ही नहीं, अपितु पशु-पक्षियों, पेड़-पौधों, वनस्पतियों के मनोविज्ञान और मनोविनोद तथा चहल पहल की चुलबुली सुन्दर झलक है।

अन्त में यह सार्थक शीर्षक **'आजाद हूँ मैं'** हृदय को एकदम छू जाता है। जिसमें काले काले आसमान में श्वेत धवलवर्णी गोल-गोल छिटके हुए चमकते हुए सितारे उकेरे गये हैं। जिनके बीच ध्रुव तारे की भाँति या कहूँ कि अरुन्धति तारे-सी अचल अडिग होकर (सुषमा जी की) निधि बिटिया अर्पिता भी पूर्ण उजास के साथ अपने प्रकाश की छटा बिखेर रही है। और उस लोक को आलोकित कर रही है। जिसे हम दिव्य लोक कहते हैं। उपसंहार के रूप में, मैं यही कहूँगा कि -

सर्वे भवन्तु सुखिन: सर्वे सन्तु निरामया:।
सर्वे भद्राणि पश्यन्तु मा कश्चिद् दु:ख भाग्भवेत।।

-डॉ. एच. आर. रैदास

मेरी पाती प्यार भरी

प्यारी बिटिया निधि,

बहुत सारा प्यार,

तुम्हें गए पूरा एक साल हो गया। पूरे 365 दिन... पर तुम गई कहाँ हो? मेरे रोम-रोम में, मेरी साँस-साँस में, मेरे जीवन में, बस तुम्हीं हो। हाँ निधि, इतने दिन हो गए और मुझे कुछ नहीं हुआ। यहाँ तक कि एक बार मूर्च्छित भी नहीं हुई। तो फिर भी जी ही रही हूँ। इस बार फिर 24 फरवरी आ गयी। पर तुम्हारे गोपाल चाचा और वासु भैया के आ जाने से मन, तन दोनों शांत थे। इस बार कन्याएं आई। दो स्लॉट में। पहले 7 फिर 11... गुड़िया-सी, चिड़िया-सी। हॉल में उनकी हँसी गुंजायमान हो रही थी। तुम्हारी पसंद की साबूदाने की खिचड़ी, भिण्डी, आलू मैथी, आइस्क्रीम और केक जैसी मिठाई सबने खाई। बाद में सभी को एक लंच बाक्स, कलर बुक और स्केच पेन भी दिए। बच्चों ने अपनी मिठाई लंच बाक्स में रख ली। एक लड़की तो आधा भोजन अपने भाई के लिए ले गई। जब एक लड़की ने दुबारा साबूदाने की खिचड़ी माँगी तो हम खुश हुए। एक ने कहा, क्या आंटी आपके आलू तो पके नहीं। तब भी मैं मुस्कुराई। उसकी साफगोई पर... मैं जानती हूँ तुम भी इतना ही स्पष्टवादी थी।

बिना किसी लाग लपेट के... मुझे तो कृष्णा चाची सबसे अच्छी लगती है और... इस पूरे आयोजन में हम तुम्हारी याद में खोए हुए थे। मन भर आ रहा था बार-बार... पर बहुत रोका खुद को। तुम्हारी यादों की यह बांसुरी बजती ही रहती है। कभी-कभी तो सच में अहसास होता है जैसे तुम हो। अभी भी हो। मेरे मन में। मेरे तन में। मेरे आँगन में। मेरी गुड़िया, मुझे लग रहा था कि मैं किसी और कॉलेज में चली जाऊँगी तो शायद तुम्हारी

यादें इतना न सताएँ। पर ऐसा है नहीं। चाहे नूतन जाओ, चाहे एम.एल.बी., तुम हर समय साथ हो। अपरिचित चेहरों की भीड़ में, मैं गुम हो जाती हूँ। परिचित चेहरों का फॉर्मेलिटी से पूछना फांस बन जाता है। हाँ, कुछ हैं जिनके शब्द-स्पर्श मन के घावों पर मरहम लगाते हैं। तुम्हारे लिए पेपर में भावनाओं का गुलदस्ता छपवाया था... कॉलेज के ग्रुप पर भी डाल दिया। सबको याद आ गया। सुषमा ने एक साल पहले अपना अनमोल हीरा, अपना अंश खोया था।

आज खुद से ही एक शिकायत रही। जब हम खुश नहीं है तो फिर दिखावा क्यों? जब हम मन ही मन रो रहे हैं तो फिर खुल के रो क्यों न लें? पर सब या तो मौन थे या बालिकाओं की मुस्कान-प्रतिक्रिया की चर्चा करते रहे। तुम कहाँ हो निधि? यह मुझे नहीं कहना चाहिए। पर तुम एक पवित्र दिव्यात्मा हो। मुझे बस एक संकेत दे दो। बस एक संकेत... रेडियो पर यह गीत बजा - जिंदगी की न टूटे लड़ी... आज से अपना वादा रहा, हम मिलेंगे हर एक मोड़ पर... यह गीत संकेत था क्या तुम्हारा?

आवाजाही तितलियों की

मौन, नि:शब्द, उदास, व्यथित, दु:खी रहने के बाद आँगन के पार से चिड़िया परिवार की अठखेलियां दिखाई देती हैं तो मुस्कुरा देता है मन... गुलाब के पौधे में फूल आ गए हैं... गार्डन काली, लाल, ओरेंज, सतरंगी तितलियों की आवाजाही का साक्षी है। आकाश धीर, गंभीर है। बादलों के काल्पनिक चित्र कभी मन को सान्त्वना की थपकी देते हैं, कभी आकाश को सूना छोड़कर जाने कहाँ चले जाते हैं? वियोग की इस कथा का एक वर्ष पूरा हो गया। आहें, कराहें, पीड़ा, दर्द, गम के विस्तृत चित्र हैं, पर तुम्हारे जाने के बाद मन को कहीं से एक आश्वस्ति-सी मिली है कि जीवन एक यात्रा है। इस यात्रा में मिलने वाले पड़ावों, यात्रियों, सफर के आनंद और परेशानियों को आपको ही समेटना होगा। या फिर जीवन ऐसे जियो जिसमें राग होने पर भी खुशी हो और द्वेष होने पर भी। मिलन, विछोह में भी एक-सी प्रतिक्रिया। या फिर जीवन एक स्वप्न है। इसके पूरा होने पर ही इस 'मिथ्या' भोग का पता चलेगा। या फिर जीवन एक ध्येय है, जिसे आपने अनजाने ही तय कर रखा है। सारे क्रियाकलाप उसी की ओर जा रहे हैं। प्रिय अर्पिता, ये ज्ञान की बातें तुम्हारी माँ को तुम्हारे बिछोह ने सिखाई हैं। तुम्हारी मेरे साथ रिश्तों में बंधी यह यात्रा इतनी सुखकर, इतनी आनंदमय, इतनी अपनी- सी है कि इसे याद कर मन जगमग-जगमग हो उठता है और तुम्हारे जाने की स्थायी, कठोर, वास्तविक याद, मन को भीगा, आँखों को गीला और हृदय को अवसाद से भर देती है। इस गति से चलते हुए तो बहुत वर्ष लगेंगे यात्रा पूरी होने में। पर क्या करें? यात्रा तो पूरी करनी ही है ना?

कुछ लोगों ने देवदूत, फरिश्ते, एंजिल के बारे में बताया था। यू ट्यूब से भी पता चला है कि कुछ तो है जो हमारी सहायता करता है। इसे

यूनीवर्स कह सकते हैं, अवचेतन मन या फिर ईश्वरीय शक्ति... एक बात मैं भी सभी को बताना चाहूँगी। बिना किसी प्रयास के प्रदेश के जाने माने, साहित्यकार अपने आप ही कॉलेज में आए और विभाग के साथ काम करने में रुचि जताई। उन्हें विभाग का काम इतना अच्छा लगा कि स्वयं ही कविता सुनाने, संचालन करने और अध्यापन के लिए प्रस्तुत हो गए। सोचती हूँ तो भरोसा नहीं होता। मैं तो इतने वर्षों में साहित्यकारों से मिली ही नहीं। विद्यार्थियों को पढ़ाना ही अच्छा लगता था। अब विभाग में भोपाल के जाने माने साहित्यकार बिना किसी आशा के, साहित्य, संस्कृति और स्वप्रेरणा का नया आसमान रच रहे हैं। यह निश्चय ही किसी की सहायता है। इसका मुझे दृढ़ विश्वास है।

तुम कौन-से रंग में छिपी हो?

इस बार होली पर एक बरस की यह दीर्घ यात्रा आँखों के सामने है। सोचती हूँ- रंग, गुलाल लाऊँ, पर तुम्हारी याद से यह विचार ठगा-सा रह जाता है। फिर सोचती हूँ- गुझिया, मठरी ही बना लूँ - पूजा के लिए... पर तन, मन दोनों ने साफ इनकार कर दिया। तीनों के मोबाइल लगातार होली के संदेशों की ट्यून सुना रहे थे पर मन को ये शुभकामनाएँ छूती नहीं। हाँ, इस बार ये तीर की तरह तीखी नहीं थीं। पिछली बार तो लगता था कि लोग जानबूझकर हमारे घाव कुरेद रहे हैं। या जानते - बूझते हमारी व्यथा का उपहास उड़ा रहे हैं। पर इस बार ऐसा नहीं लगा। दुखों को होली में जला दो, यह संदेश रैदास सर ने भेजा है। कैसे जला दूँ दुखों को? अपनी साँसों में बहती ऊर्जा, प्राण-शक्ति में यह व्यथा छिपी है। तन में बहते रक्त में यह पीड़ा साथ-साथ बहती है। कैसे जला दूँ इस दुखों की पहाड़ जैसी पोटली को?

कॉलोनी में रात में मुहूर्त पर होली जली तो भविष्य का ख्याल कर इनके साथ चली गई पूजा, परिक्रमा करने। अग्नि तीव्रतर थी, पर परिक्रमा पूरी की। एक दूसरे को गुलाल लगाकर भी हंसी नहीं आई। तुम स्मरण हो आईं। तुम गालों पर गुलाल लगा कर, लगवा कर कितना मुस्कुराती थीं? एक दिन तुम्हारे पापा ने होली पर भांग खाने की एक्टिंग की थी तो तुम बहुत टेंशन में आ गयी थीं। तुम्हारा वनिका में भाई के साथ होली खेलने का हुड़दंग याद आ रहा है। पिचकारी से भरा पूरा टब तुमने गार्डन में खाली कर दिया था... तुम्हें चेहरे पर रंग लगवाना पसंद नहीं था। न तुम्हें जबरन होली खेलना पसंद था। पर प्यार से गुलाल लगाना, लगवाना तुम्हें अच्छा लगता था। हर होली की यादें चित्रों में सुरक्षित है। ये मन कैनवास बन गया

है। यादों की स्याही से लिखे इन दृश्य-चित्रों का रंग अमिट है। इस माँ की बिटिया होली पर नहीं है। मन भारी है। आँखें भरी हैं। हृदय उदास है। रंगों के इस त्यौहार में तुम्हारे वियोग का फीका रंग घुल गया है। कोई किसी को समझाता नहीं। सब के मन में यादों का एक तूफान-सा उठ रहा है। जिसमें तुम छिपी हो, अपनी मृदुमुस्कान के साथ... जैसे अभी कहोगी- माँ, हैपी होली। पापा हैपी होली। वासु, हैपी होली।

प्रिय अर्पिता, तुम्हारी 'स्मृतियों की कहानी' टाइप करने वाले भैया ने कहा है कि मेम, आप इतना दुःखी न हों। तुम तो ईश्वर के साथ रंग खेल रही होगी। कितनी अच्छी कल्पना है। यह तो मैंने सोचा ही नहीं? तुम प्रभु के कौन-से रंग में रंगी हो अर्पिता? देखो, आज रेडियो में कितने सारे गाने आ रहे हैं। 'होली आई रे कन्हाई, रंग छलके, सुनादे जरा बांसुरी'। 'बागवान' में गाया तुम्हारा प्रिय गाना 'अवध में होली खेले रघुवीरा' खूब बज रहा है। होली के दिन इस गाने की वजह से किसी-न किसी चैनल पर यह फिल्म चलती रहती थी। तुम्हे बहुत पसंद भी यह फिल्म। तुम्हें भूतनाथ भी बहुत अच्छी लगती थी। चाहे जितनी बार देखना हो।

ईश्वर के घर में क्या है? आज रात में नींद खुल गई थी। पता नहीं क्यों रोने लगी मैं! शायद सुबह होली है। यह सोचकर-पर तुम अपनी माँ को दुखी देखकर रोना नहीं। न दुखी होना। बस, जीवन के इस प्रशिक्षण का मान रखते हैं। एक दिन हमें भी इसी राह पर आना है न? पर तब तक इसी दुनिया में रहना है। हर त्योहार में, हर खुशी के पल में तुम्हारी याद आती रहेगी। इस बार निधि, न मठरी बनाई न गुझिया। बस, तुम्हें याद किया।

कॉलेज में एक कोर्स शुरू किया है। 15 दिन का। अच्छी तरह पढ़ा रही हूँ। जिसे बुलाया है, वह पढ़ाने आ गया है। फिर शिकायत किससे करूँ? सब साथ हैं मेरे। कॉलेज का एन.एस.एस. कैंप भोजपुर के पास जैन मंदिर में लगा है। वहाँ पर बौद्धिक चर्चा में भाग लेना है। ना, ना करते हुए भी चली गयी। अच्छा लगा... कैंप में बच्चों द्वारा बनाया भोजन, स्वागत, टीम-भावना और आज्ञाकारिता। इस बीच मंदिर में शिवजी के दर्शन करने का भी समय मिल गया। लगा, जैसे शिवजी स्वयं बुला रहे हों, पहले के शंकरजी की मूर्ति कुछ अलग थी, ऐसा लगा। एक क्षण में शिवजी, पत्थर से भगवान बन गए। हाथ के फूल प्रार्थनाएँ बन गई। प्रसाद की डलिया आस्था

से भारी हो गयी। मन भर आया। पता नहीं, शिकायत थी या धन्यवाद, वियोग था या मिलन, शक्ति थी या असहाय मन... आँसुओं ने कहना नहीं माना। स्वयं ही चले पड़े... हे शिव। विवाह की कामना करते-करते शायद उसकी सच्ची प्रार्थना सुनकर आपने उसका वरण किया हो? एक दिन प्रार्थना में आँखें बंद कर देखा तो ऊँ जैसा कुछ दिखा। बहुत देर देखा। यह कपोल कल्पित नहीं है। पर हर रोज कुछ नहीं दिखता। महा शक्ति के रूप में विराजमान शिवजी, मेरी मन:स्थिति से तो आप परिचित ही होंगे। बस उसे अपनी शरण में ले लो। उसकी यात्रा चिर-शांति में बदल जाए। वह मौन है, पर मुस्करा रही है। मुझे यह आश्वासन दे दो भगवान।

हैपी होली निधि। तुमसे भी यही सुनने को मिलेगा? आना मेरे सपने में। कहना - हैपी होली माँ। सच में बहुत खुश हो जाऊंगी मैं।

ईश्वर, तुम कहाँ हो?

मन की दशा भी बड़ी विचित्र है। आस्था में, रिश्तों में, अध्यापन में, व्यस्तता में, खुशी ढूंढ रही हूँ। पर जब तक यह मन शांत नही है, खुशी का अनुभव कैसे होगा? बगीचे में नन्हीं-नन्हीं चिड़िया, दूध मोगरे के वृक्ष पर छिप कर बैठ गयीं। फिर पत्तों में छिपे पानी में मुंह धोना शुरू कर दिया। सुबह पानी की टंकी ओवर फ्लो हो गयी थी, सो पाइप से अभी तक पानी फव्वारे जैसा गिर रहा था। चिड़िया स्नान कर रही थी उसमें, बड़ा अच्छा लगा। आजकल मेडिटेशन में कुछ-कुछ दिख रहा है। एक दिन पतंग जैसा आकार दिखा। ब्लेक एंड व्हाइट, फिर लगा मैं उस पतंग के अंदर प्रविष्ट हो गयी हूँ। दूसरे दिन दिखा वृक्षों की एक लाइन-लंबी शृंखला... तीसरे दिन एक मुकुट दिखा सोने का... यह सब बकवास नहीं है। पर मैं तो जो ढूंढ रही हूँ, वह तो दिखता ही नहीं। हाँ, इस बार शिरडी भी हो आई। बाबा से झगड़ा करना था, पर बाबा मेरे साथ-साथ उदासीन दिखे। जैसे घर के मुखिया ने कहा कि मैं कुछ नही कर पाया। घर पर भी आरती के दिए में साईं की छवि कभी-कभी दिखती है। पर इस बार छवि ऐसी, जैसे बाबा वृद्ध हो गए हैं। जैसे उनके कंधे लटके हों। पता नहीं, यह भ्रम है या सच्चाई। बहुत दिन हो गए हैं, तुम्हारे वियोग में रोते हुए। प्रभु, कुछ ऐसा चमत्कार करो कि मैं फिर से मुस्कुराऊँ, कुछ गाऊँ? लग रहा है, जैसे ईश्वर धैर्य की परख कर रहे हैं। हाँ, सारे शास्त्र, सारे साधु, संत ईश्वरीय सत्ता में विश्वास रखते हैं। उनकी बातों से यह विश्वास तो हो गया है कि हाँ, ईश्वर है। पर कहाँ? उसकी छाँव में बैठना चाहती हूँ। शायद यह मौन विलाप बंद हो जाए।

क्या फरिश्ते मेरे आस-पास हैं?

मेरे मन के आँगन में धैर्य के छोटे-छोटे पौधे उग आए हैं। नहीं जानती कि देवदूत होते भी हैं या नहीं। पर इस बार की कुछ घटनाओं से ऐसा लगा कि सच में फरिश्ते होते हैं। ईश्वर ने मेरे जीवन में एंजिल भेजे, यह बात किसी को अविश्वसनीय लग सकती है, पर मैं मान गयी हूँ कि तुमने मेरी उंगली अभी तक थाम रखी है। मैं जान गयी हूँ कि कहीं न कहीं से कोई मुझे देख रहा है... मेरी असहाय सी दशा, मेरी अव्यक्त-सी पीड़ा, मेरा असमंजस, मेरी उलझन सभी को हरने, दूर करने, मेरा आत्मविश्वास बढ़ाने, साथ देने कोई तो आ रहा है। शायद तुम ही ईश्वर हो। या शायद मेरा अवचेतन मन? या फिर 'जीवात्मा जगत के नियम वाली श्री उच्च भली आत्मा?

प्राचार्य महोदय ने मुझे अपने एडऑन कोर्स के लिए करवट कला परिषद के घनश्याम मैथिल और BHEL के रिटायर अपर महाप्रबंधक श्री विनोद जैन की पत्र - भावना की जानकारी दी। केवल एक फोन करने पर ही कोर्स के दूसरे दिन दोनों उपस्थित हुए और समापन तक विचारों से, भावनाओं से, विभाग की गरिमा वृद्धि में हैल्प करते रहे। सबसे बड़ी बात तो यह हुई कि तीन दिन में प्रेरक-पुस्तिका का विमोचन और वितरण संभव हो गया। मेरे प्रयास भी सफल हो रहे थे। अध्यापन के लिए रिसर्च स्कालर, असि. प्रोफेसर, विद्यालय के प्राचार्य मेरे बुलाने से आए। कभी डॉ. महेश शर्मा, तो कभी डॉ. रीटा राज, कभी पुष्पेंद्र बघेल ने पढ़ाया। मैं स्वयं भी पूर्ण आत्मविश्वास से पढ़ाती रही। यह आत्मविश्वास, स्टूडेंट की निरंतर बढ़ती संख्या से दुगुना हो गया। 7 से 18 स्टूडेंट हो गए। विनोद जैन जी ने जब भी अवलोकन किया, उन्हें शायद अच्छा ही लगा होगा। पता नहीं किसने मुझे बताया कि हमारे कोर्स 'लेखन दक्षता' का उद्देश्य है- देख कर लिखो,

सुनकर लिखो, समझ कर लिखो। पता नहीं कौन था मन में, जिसने बिना किताब देखे, अभ्यास - कार्य करवाने की प्रेरणा दी? कोर्स में किसी का भी सहयोग नहीं था और सभी का था। समापन 15 दिनों के बाद हुआ। यह भी हिंदी विभाग का गरिमामय आयोजन बना।

साक्षात्कार के डायरेक्टर विकास दवे, प्रसिद्ध साहित्यकार कवि मनीष बादल, कवयित्री प्रार्थना पंडित ने आयोजन को स्मरणीय बना दिया। युवा उत्सव के समय मैं बहुत भ्रमित, व्यथित और आत्मविश्वास रहित थी। वहीं इस समापन में सब कुछ अपने आप हो रहा था। जैसे कोई मेरी उंगली थामे है। जैसे- किसी ने मुझे बताया है कि तुम अकेली नहीं हो। यहाँ तक कि कार्यक्रम का बैनर, स्वल्पाहार, संचालन और मीडिया-रिपोर्ट का कार्य भी उन सबकी ओर से सहजता से पूर्ण हुआ। मैं सौभाग्यशाली हूँ कि मुझे इस स्थिति में संभालने कुछ लोग मंच पर आसीन हुए। सुना है कि कॉलेज में कुछ लोगों को ईर्ष्या हुई पर... यह तो मेरा प्रारब्ध है। मेरा सौभाग्य है। मेरी मन:स्थिति को संभालने, संवारने, सुधारने तुम्हीं ने भेंजा था न इन सबको।

अब दूसरी घटना - जिसने देवदूतों की उपस्थिति, फरिश्तों और एंजिल के होने पर मेरे भरोसे को पक्का कर दिया है। इसे दुबारा कह रही हूँ। NSS का शिविर इस बार भोजपुर ग्राम के अतिशय क्षेत्र के जैन मंदिर में लगाया गया था। मेरा नाम भी बौद्धिक चर्चा के लिए था। जाऊँ, या न जाऊँ, कोर्स कौन पढ़ाएगा, किसके साथ जाऊँगी- सारी समस्याएँ अपने आप दूर हो गईं। यहाँ तक कि जैन सर से जाने की अनुमति लेने के स्थान पर अतिथि विद्वान द्वारा कोर्स में अध्यापन की अनुमति ले बैठी। परफेक्ट ड्रायवर, सहृदय साथियों के साथ भोजपुर जाना हुआ। कैम्प में आत्मीय स्वागत हुआ। बौद्धिक चर्चा की सजावट, खाने की तैयारी और पूरे दल की प्रस्तुति में प्रतीक्षा देखकर हम शिवजी से मिलने चले गए। तुम्हारी याद में रोना आया, पर ईश्वर, देवदूत, फरिश्ते, एंजिल तुम्हारा धन्यवाद।

कितने वर्षों बाद भोजपुर की विशाल शिवपिंडी को देखा। सब कुछ भूलकर दर्शन करती फिरी। वापसी में भी मन उल्लासित था। यदि नहीं जाती तो यह शांति-भावना नहीं होती। जीवन में रिक्तता के बाद भी कुछ है - बहुत कुछ है, जिसके बूंद-बूंद भरने का अदृश्य सुख अवर्णनीय है। अनिवर्चनीय है। वहाँ पर भारतीय तरीकों से स्वागत, रोली चंदनवंदन, दाल

वाफले का भोजन और लयबद्ध तालियों का बार-बार श्रवण भी लयात्मक आनंद दे रहा था। वापसी में भी यही सोचती रही कि जीवन की दिशा आप तय नहीं करते, हो जाती है। शेष नहीं जानती। बस बहाव में छोड़ दिया है खुद को। बह रही हूँ इस प्रवाह में। सभी को क्षमा करके, सभी से मन ही मन क्षमा माँग के...।

एडऑन कोर्स के सभी विद्यार्थियों ने फीडबैक में मुझे 5 स्टार दिए हैं। अच्छा लगा। वैसे मैंने परिश्रम भी खूब किया। जीवन का यह अंतिम अध्याय है। इसमें लिखी हुई इबारत मुझे अस्पष्ट-सी दिख रही है। बस मौन हूँ। नयन भरे हैं। तुम साथ हो। तुम्हारा स्मरण मुझे ऊर्जा देता है। तुम्हें भूलने का मैं सोच भी नहीं सकती। आज फिर से हेमंत, लता जी का गाना आ रहा था रेडियो पर। **छुपा लो यूँ दिल में प्यार मेरा कि जैसे मंदिर में लौ दिए** की... लता कहती हैं- ये राग विरहा की मत लगाना कि जलकर मैं राख हो चुकी हूँ। हेमंत कुमार कहते हैं... ये राख माथे पे रख ली मैंने कि जैसे मंदिर में लौ दिए की। छुपा लो यूँ दिल में प्यार मेरा कि जैसे मंदिर में लौ दिए की... मन फिर भर आया। क्या ये तुम्हारा संकेत है? या फिर रेडियो पर स्वयंमेव आया फिल्मी गीत। नहीं समझ पाती। पर जबसे तुम गयी हो, यह गीत बार-बार बजता रहता है- *तेरे बिना जिंदगी से कोई शिकवा तो नहीं, तो नहीं, शिकवा नहीं, तेरे बिना जिंदगी भी लेकिन, जिंदगी तो नहीं...*

हर रोज़ वही प्रार्थना

ब्रह्मकुमारी शिवानी के यूट्यबू वीडियो, सुरेश ओबेराय से उनकी बातचीत में कई बार जाने वाले को दुआएँ देना सीखा। प्रार्थनाएँ करना सीखा। रोज, वही प्रार्थना करती हूँ। फिर भी मन में एक सवाल है- ईश्वरीय विधान सच है या मन को शांत करने का एक बौद्धिक प्रयास - समझ नहीं पाती। फिर भी विश्वास करने का मन होता है। विभाग में अकेले कार्य करने की विवशता, सामूहिक सहयोग में बदल गया है। सब मिलकर काम करते हैं। कुछ लोगों को छोड़कर सभी एक दूसरे के साथ है। जीवन की इस यात्रा में प्यार, और प्यार के साथ चिर-वियोग की इस आकस्मिक पीड़ा ने मन को बहुत कुछ सिखाया है। सीखना चाहती भी हूँ। पर झूठी आलोचना असह्य है। तुम खुश हो ना? इस बार भैया का जन्मदिन फिर से आया। चाचा ग्वालियर से आए। तुम्हें सभी ने बहुत मिस किया। मेरी स्मृतियों की जर्नी में तो बहुत कुछ छिपा था। पर बेटे की उदासी को नहीं बढ़ाना चाहती थी। सबने तुम्हें याद किया। तुम्हारी बातें कीं। तुम्हारे पुराने ग्रीटिंग कार्ड देखे। हर बार की तरह इस बार भी पेंटिंग बनायी जाती, यह सोचा भी, कहा भी। हर बार वासु के साथ तुम्हें भी उपहार देती थी ना बेटा? तो इस बार उपहार में आपकी माँ की दुआएँ... माँ का आशीर्वाद... माँ की माफी, माँ की प्रार्थना... एक दिन स्वप्न में दिखो, बोलो कि माँ मैं खुश हूँ। आप रोना बंद करो। हे ईश्वर। एक वर्ष हो गया। प्रार्थना हर रोज यही है। अभी भी।

उसका नया आसमान

यूनीवर्स से रोज एक प्रार्थना करती हूँ। उसे खुश रखना। मुक्त, स्वच्छंद, अपने स्वप्नों में रंग भरती हुई अर्पिता के बारे में मुझे एक बार छोटा-सा संकेत दे दो। उससे एक बार भी नहीं कहती हूँ कि क्यों चली गयी मुझे छोड़कर? प्रभु से पूछती हूँ कि अपनी प्यारी बेटी अब तुम्हें सौंप दी है। तुम्हारी जिम्मेदारी है - उसे खुश रखने की। उसे आकाश तक पहुँचाने की। खुशियों और दुआओं के संसार में, मुस्कुराहट की कलम से उसका नया आसमान रचने की।

पता नहीं क्या सोचकर एक दिन मन ने कहा कि ईश्वर, वह मेरे साथ है तो मुझे कोई संकेत दे दो। प्रार्थना पूरी होते-होते रेडियो में फिर से वही गाना बजा- **छुपा लो यूँ दिल में प्यार मेरा कि जैसे मंदिर में लौ दिए की।** हेमंत कुमार, लता जी का यह गीत जब भी बजता है तब-तब मुझे उसकी याद आती है।

मुझे उस दिन भरोसा हुआ कि हाँ, वह मेरे साथ है। जीवन की इस इच्छा के पूरा होने पर और भी आकांक्षा जागी। जैसे भगवान को जाँच रही हूँ। देखो, कितनी दुखी हूँ मैं, यदि वह मेरे साथ है तो मुझे बताओ कि कि... चिड़िया गार्डन में नहीं, घर में आ जाए। चारों तरफ दरवाजे बंद हैं, डबलगेट लगे है, देखती हूँ, ईश्वर सुनते है या नहीं? शाम को पत्रिका का रविवारीय परिशिष्ट पढ़ा। एक लघुकथा में नायिका चिड़िया के बच्चे को हाथों में लिए है। पता नहीं ये संयोग है या अंधविश्वास है। चित्र छपा है या फिर सच, मैं मन ही मन ईश्वर को प्रणाम करती हूँ। पर माँ के इस 'मन' को कैसे समझाऊँ? साल भर से हँसी नहीं यह माँ। हाँ, आँसुओं के सागर से यह तन, मन, जीवन सब भर दिया है। अभी भी 'धैर्य' तूफानी हवा में

पत्ते-सा उड़ जाता है। ज्ञान के मोती की माला तुम्हारी स्मृति आते ही बिखर जाती है। न सृजन में मन लगता है न विध्वंस में। यह उदासी, अपनापन अब असह्य है। जीवन साथी की सेवानिवृत्ति का समय भी कठिन पड़ाव से गुजर रहा है। दु:ख को अव्यक्त रखने से दु:ख कम नहीं हो जाता। अभी एक दिन कार चलाते-चलाते उन्होंने बहुत शिद्दत से तुम्हें याद किया। बहुत रोकने पर भी आँसू अनायास टपकने लगे। कह रहे थे कि शायद उसका साथ, हमारे लिए इतना ही था। अब और खुश होगी हमारी बच्ची। इससे भी अच्छा जीवन पाया होगा उसने।

मन की स्लेट पर नयी इबारत

कहीं पढ़ा था कि ब्रह्मांड आपको आत्मा का उद्‌देश्य बताने के लिए आपको अकेला कर देता है। जीवन में अनायास, आकस्मिक डिजास्टर आता है। यह सब बातें कभी सच्ची जान पड़ती हैं कभी मन गढ़ंत। जो अभी भी दुख दे रहे हैं शब्दों से, उन्हें माफ करो। उनके लिए शुभकामनाएँ भेजो। यह आध्यात्मिक संदेश भी मन की स्लेट में प्रश्नचिह्न लगाता रहता है। प्रिय अर्पिता, इस बार भी परीक्षाएँ, प्रोजेक्ट, वायवा वाला समय आ गया। पिछली बार तो तीन घंटे में एक घंटा रोती ही रहती थी, पर अब ऐसा नहीं है। तुम अपनी राह पर हो। उन्नत, उच्च, आनंदमयी... इस यात्रा में मेरी शुभकामनाओं का गलीचा बिछा है। रोज परमात्मा को दुआ भेजती हूँ तुम्हारे लिए। शायद, इसीलिए तुम सपने में नहीं आती हो। शायद अब तक तुम पूरी तरह मुक्त हो गई हो! आज़ाद हो। ईश्वरीय अंश में विलीन हो गयी हो! मैं शायद क्यों कह रही हूँ। पक्का, ऐसा ही हुआ है। नहीं तो अभी तक मेरी राजकुमारी मेरे आँसू पोंछने न आ जाती!

विभाग में एक मेडम और आई हैं। अभी एक दिन उनकी युवा बेटी के हॉस्पीटल में एडमिट होने की खबर मिली तो मन उदास हो गया। रात में सपना दिखा कि तुमने अपने कमरे से आवाज दी– "माँ, मुझे प्यास लगी है। मुझे बुखार आ गया है।" सपना टूटने के बाद मैं बिल्कुल परेशान नहीं हुई। ये तो निर्मला मेडम की बेटी और मेरी चिंता का प्रतिफल है। तुम तो बहुत खुश हो। उच्चतम आयाम में अपनी कल्पनाओं की सजीव दुनिया सजाए बैठी हो। आश्चर्य नहीं कि उस संसार में, मैं भी होऊँ – साबूदाने की खिचड़ी बनाते – अन्ताक्षरी खेलते या फिर छत पर एक दूसरे को दुष्यंत की कविता सुनाते... तुम बहुत खुश हो ना?

मुझे पता है। यह भी पता है कि तुम मेरी भावनाओं की बाइब्रेशन का भी अनुभव कर रही हो! तो मेरी चेतना के साथ अपनी चेतना का एक ऐसा संदेश भेजो अपनी माँ को कि यह माँ इस विरह-पीड़ा के भार से मुक्त हो सके। जीवन की यात्रा साँसों से बंधी है। इस यात्रा में कितना समय लगने वाला है, यह कोई नहीं जानता। तो यह उदासी, विरक्ति, व्यथा-कथा के अनमने, उलझन भरे पल- जीवन को भारी कर रहे हैं। 'तुम बिन जीवन कैसे बीता पूछो मेरे दिल से' यह गीत मन की आवाज बन जाता है। तुम्हारे पापा एक दिन गा रहे थे। **तुम क्या जानो तुम्हारी याद में हम कितना रोए, रैन गुजारी तारे गिन गिन, चैन से जब तुम सोए हम कितना रोए...** सी. रामचंद्र और लता मंगेशकर का अलग-अलग गाया गीत उनके मुँह से उनकी कहानी कह रहा था। और मेरी आँखों से आँसू झर रहे थे।

घर में अवकाश के दिन समझ ही नहीं आता कि क्या करूँ? कुछ काम नहीं दिखता। कॉलेज में काम ही काम है, थकान हो जाती है तो अवकाश लेने का मन करता है। एक वर्ष की इस यात्रा में तुम एक पल एक क्षण को मुझसे विलग नहीं हुई मेरी बच्ची! कहीं कुछ भी सफाई करते में तुम्हारा स्मृति - सामान मिल जाता है। कभी क्लचर, कहीं ग्रीटिंग कार्ड, कोई रजिस्टर-सुविचार से भरा हुआ, क्राफ्ट का सामान, कलर का बिना यूज़ डिब्बा, पर अब इन्हें देखकर मुस्कुरा देती हूँ। हाँ, तुम हो न मेरे साथ, मेरे पास... यह संदेश देती हुई कि माँ तुम इनसे खुश होगी ना? हाँ मैं होती हूँ। तुम्हारी एक पीली चुन्नी स्पेशल कलर की है। किसी सूट पर मैच नही कर रही। सो अब वैसे ही रखी है। उसे उठा कर ओढ़ती हूँ। फिर सहेजकर रख देती हूँ। तुम्हारे पलंग के बगल में सो रही हूँ। अच्छा लगता है। एक दिन बहुत याद आई थी तुम्हारी...

प्रिय निधि, सोच रही हूँ कि मैं कॉलेज में एक अर्पिता स्मृति कोष खोलूँ, जिसमें- आर्ट्स के स्टूडेंट की परीक्षा फीस भरी जाए। जो जरूरत मंद हैं। तुम बताना कि क्या सही सोचा है मैंने? तुम्हारे आने वाले जन्मदिन पर 'स्मृतियों में तुम' फिर से छपवाने का सोच रही हूँ। पर यह तभी हो पाएगा जब मैं लिखूँ। लिखने को तो बहुत कुछ है। आज ही मैंने नया सीरियल मसाबा-मसाबा देखना शुरू किया है। कारपोरेट जगत की, अनजानी सी दुनिया है, संघर्ष है, चालाकियाँ है, पर नीना गुप्ता और मसाबा गुप्ता के

लाइफ-संघर्ष अच्छे लगे मुझे। सामाजिक टेबू को तोडते उनके व्यवहार, परंपराओं को धता बताती उनकी प्रतिक्रिया... सब कुछ देखा। अब कुछ दिन बाद हीरामंडी देखूँगी। वासु ने डाउनलोड कर दी है प्लेक्स पर। पर यह सब टाइम पास है। यदि तुम्हारी याद में कुछ लिखना है तो मेरी गुड़िया, आँख में आँसू न हों, तो कलम ही नहीं चलती। मानो, आँसू स्याही बन गए हों और यादें काग़ज़... मई में फिर से चिड़िया पुराण शुरू हुआ है। पर अब व्याकुलता नहीं है। दिनचर्या भी उन्हीं से शुरू होती है। गार्डन की प्लेटों को साफ कर दाना, काजू-बादाम के छोटे-छोटे टुकड़े, दलिया रखना, पानी के सकोरे साफ कर, फिर से उनमें पानी भर देना। गार्डन में पाइप से पानी डालना... अभी एक दिन तो पूरा गार्डन चिड़ियों से भरा था - चार छोटी चिड़िया दूध मोंगरा पर... दो मीठी नीम पर - चार प्लेटों पर अपना अधिकर जमाती हुई...। एक दिन मैं भी अनायास यह गीत गाने लगी। तुम क्या जानो, तुम्हारी याद में हम कितना रोए... गीत भावनाओं की आवाज़ बन गया और शब्द माँ की जुबां...

कितनी कलियाँ खिलीं
चमन में
खिलके फिर मुरझा गयीं
बिरहा के इस भोले मन को
बार-बार समझा गयीं
कितना तड़पे, तरसे
दर्द हमारा दिल जाने या
नैना खोए-खोए...
हम कितना रोए...

मेरे बिना कैसे रहोगी माँ?

कई दिनों से तुम्हारा 'कहा', याद आ रहा है। कभी प्यानो बजाते हुए, कभी लैपटॉप चलाते हुए, कभी पेंटिंग करते, हुए कभी मोबाइल पर मैसेज करते हुए, कभी भी अचानक तुम मुझसे पूछ बैठती हो! माँ, कैसे रहोगी मेरे बिना? धक सी हो जाती है। काश! मैं जान पाती कि तुम मुझे छोड़कर, अपनी अनंत-यात्रा पर जाने वाली हो।

अभी वटसावित्री की पूजा की। तुम्हारी बहुत याद आई। मीठे और नमकीन व्यंजन बनाना कठिन हो रहा था। हर बार जून में यह व्रत पड़ता है। तुम्हें मेरे साथ, ये व्यंजन अकेले बनाना पसंद था। पूजा में छोटी-मोटी हेल्प करना भी। कभी-कभी मैं तुम्हें भी साड़ी पहनने के लिए कहती थी। वट सावित्री का यह व्रत आस्था से भरा है। पर्यावरण को चिंता ऋषि मुनियों की दूरदर्शिता का परिणाम है। हम महिलाएँ भी तर्क नहीं करतीं। ठीक है। जीवन की एकरसता भी मिटती है, जब भरी गर्मी में श्रृंगार करके हम सब वट वृक्ष के नीचे इकटठे होते हैं। सूत का धागा पति के प्यार और परम्पराओं के निर्वहन का पक्का भरोसा दिलाता है। घर में भी रोज-रोज की एक-सी रसोई में कुछ खास महकने लगता है। पर मैं फॉरच्यून तक जाने का साहस नहीं कर सकी। अमरनाथ कॉलोनी में एक भी बरगद नहीं है। फिर साल भर से उदास मन, महिलाओं की चुहल को सहन नहीं कर सकेगा, यह सोचकर भी घर में डाल मँगाकर पूजा कर ली। डाल भी सुंदर थी और पत्ते भी। मन की ख्याली दुनिया में तुम्हारे होने का भ्रम होता रहा। पूजा कक्ष में आजकल एक सेटी पहुँच गयी है। वहाँ एलबम देखकर खुद को रोक न सकी। तेजसिंह से बनवाए फोटो का यह एलबम युवा अर्पिता के एक से बढ़कर एक फोटो से भरा पड़ा है। पूजा, आँसू, आराधना, स्मृति, आरती, दर्शन, और आस्था

सब घुल मिल गए। मुझे क्षमा करना परमात्मा –मैंने तुम्हारे साथ साथ उसका भी नाम लिया। उसे भी याद किया! यह स्मृतियों की तहरीर है, जिसकी स्याही अमिट है। तुम इसमें ऐसे घुली मिली हो, जैसे मेरी साँसों में बसी हो। या तुम्हारे साथ-साथ मैं भी थोड़ा चली गयी हूँ। यह भी कम आश्चर्यजनक नहीं है कि मैं अब अधिक गंभीर, अधिक जिम्मेदार, अधिक स्नेही हो गयी हूँ। विशेषकर छात्र/ छात्राओं के प्रति... तो फिर तुम्हारी इस बात का यही उत्तर है बेटा, कि मैं जी रही हूँ तुम्हारे बिना। मुझे नहीं पता कि मेरी आत्मा का क्या उद्देश्य है, पर मैं जीने का प्रयास कर रही हूँ तुम्हारे बिना।

सुबह तुम्हारे पापा चहकते हुए आज के सपने के बारे में बताने लगे। तुम्हारा नाम सुनते ही मेरे कान खड़े हो गए! सपने में हम तीनों – तुम, मैं और पापा कहीं घूमने गए है। तुम बहुत खुश हो। पापा को रास्ते में पत्रकार रवीन्द्र जैन मिलते हैं। उनसे कुछ देर बात करने के बाद देखते हैं कि निधि नहीं है। अरे! निधि कहाँ गयी। मैं भी परेशान हूँ, उनके सपने में। वे मुझे डाँट रहे हैं- ध्यान नहीं रख सकती तुम उसका। मैं बड़े ध्यान से सुन रही थी... फिर मुझे लगा- तुम सपने में कहीं से प्रकट हो जाओगी – पापा के गले में बाँहे डाल दोगी। पर ऐसा नहीं हुआ। सपना सुनाने की उत्सुकता ऐसी थी, जैसे घनी अँधियारी रात में तुम एक विद्युत – चमक सी उन्हें दिखी हो। फिर से अँधियारा-सा छा गया। मौन भी। तो हम ऐसे जी रहे हैं बेटा-तुम्हारे बिना। तुम मुस्कुराकर बता दो ना कि किस आयाम में जा छिपी हो। किस माँ की बेटी बन गयी हो। तुम बता दो तो हम जी सकेंगे बेटा। तुम्हारे बिना भी।

वह अनमोल इशारा

इतने दिनों की प्रार्थना, पुकार और अश्रु-बरसात के बाद, ईश्वरीय संकेत मिला। पोर्च में एक पंख ऐसे मिला, जैसे मेरे लिए सहेज कर रखा गया हो। कुछ सफेद सा, कुछ भूरा सा... लगा जैसे कोई संकेत है ये। फेदर मिलना क्या संकेत है-सर्च करते ही गूगल से फरिश्ते, यूनीवर्स, उनकी कृपा, उनकी शक्ति के अनेक वीडियो सामने आ गए। नज़रें अटक कर रह गयीं एक बिंदु पर - यदि आपके प्रियजन बिछड़ गए हैं तो पंख मिलना यह संकेत है कि वे आपसे कह रहे हैं - आप दुखी न हों। वे हमेशा आपके साथ हैं। सच्चा हो या झूठा, नकली हो या असली, विश्वास हो या अंधविश्वास - मेरा मन भर आया। पंख को डायरी के पहले पेज में सुरक्षित रख लिया। मन भरा हुआ है- आँसुओं से, तुम्हारे संकेत की खुशी से, और जीने के लिए एक छोटी-सी आशा मिलने से।

दूसरे दिन पोर्च में फिर से आशा भरी निगाहों से उसी जगह का सामान हटाया तो मैं दंग रह गयी। आज दो पंख रखे थे एक जैसे... ये क्या संकेत है? सोचती रही। कहीं यह कल की प्रार्थना का असर तो नहीं? एक दिन गैस का नं. लगाने के लिए एक पुराना लेटर पेड खोला तो लिखा था-

खुश रहना मेरी दुआएँ हैं
भीगी-भीगी मेरी निगाहे हैं
जीना है तेरे बिना
याद आएगी लेकिन
वो प्यार की बेबसी है

खुश रहना मेरी दुआएँ है। इस लाइन को पढ़कर तो 'आँखों' से आंसुओं की झड़ी लग गयी। तुम भी हो मेरे साथ और देवदूत भी... तुम मुझे खुश रहने की दुआएँ दे रही हो। काले पेन से लिखी तुम्हारी राइटिंग में ये पंक्तियाँ शायद कोई फिल्मी गीत है। यह सोचकर सर्च किया पर नहीं- कोई गीत नहीं। तो क्या तुमने सचमुच मुझे दुआएँ दी है? तुम्हारी बेबसी, और मेरे बिना जीने की पंक्ति, याद आने की लाइन सब कुछ चमत्कार सा लग रहा है। हे ईश्वर! भविष्य में यह सब लिखा हुआ काल्पनिक और मनगढंत समझा जाएगा। भला एक वर्ष बाद कैसे डायरी में उनकी राइटिंग में कुछ लिखा दिखा। मैं अंधविश्वासी नही हूँ। आध्यात्मिक हूँ या नहीं, यह भी पता नहीं। पर पंख और कविता के रूप में कहे गए शब्दों को मिलने से मन को उनके आसपास होने का भरोसा हो गया है। बार-बार रेडियो पर हेमत कुमार का गीत बजना- छुपा लो यू दिल में प्यार मेरा कि जैसे मंदिर में लौ दिए की भी कुछ कहता है। पता नहीं देवदूत हैं या नहीं, फरिश्ते हैं या नहीं, एंजिल्स भी है या नहीं, पर लगता है - कुछ तो है जो आपको कोई संकेत, कोई प्रतीक, कोई सच्ची बात कह जाता है मन में...

मेरे मन में जान उसी से है,
हाँ मेरी पहचान उसी से है,
मैं जो समझ गया वो सब एक धोखा था
टूटी ये दिल की लड़ी।

उसी लेटर पैड के एक-एक पन्ने को छान मारा। तब ये लाइन भी दिखी। लग रहा है कि यह कोई फिल्मी गीत है। उन्हें गीतों को डायरी में लिखना बहुत पसंद था। पर इस ऑफिशियल पेड में क्यों लिखा, आश्चर्य है। मेरे तन में जान उसी से है। हाँ, मेरी पहचान उसी से है। ये पंक्तियाँ तो मानो दिल का द्वार खटखटाने में लगी हैं। ये हमारी अर्पिता ने लिखा है। एक वर्ष बाद क्यों दिखी ये लाइनें? मैंने तो कितनी डायरी, कितने ग्रीटिंग कार्ड, कितने सुविचार सहेज कर, समेटकर रख लिए हैं। ये कब और कौन लिख गया? तुम्हारी राइटिंग में लिखा हर शब्द मेरा अपना है।

हर शब्द में अपने लिए संकेत और संदेश ढूंढती हूँ। क्योंकि तुम सपने में तो आती नहीं। किसी ने कहा है कि यह तुम्हारी आत्मिक उन्नति

का संकेत है। मुझे प्रसन्न हो जाना चाहिए। तुम अपनी आध्यात्मिक यात्रा की आत्मिक उन्नति पर हो। हाँ, मैं, तुम्हारे लिए सदा यही प्रार्थना करती हूँ कि मेरी बच्ची मुक्ति, आह्लाद, और सच्ची खुशी के नये आयाम में जा पहुँची हो। यदि आत्मा कभी मरती नहीं तो उस एनर्जी को मेरा बहुत सारा प्यार, शुभकामनाएं और आशीर्वाद... पर एक एनर्जी मेरे अंदर भी तो है। ब्रहमकुमारी इसे माथे के बीचोंबीच बताती हैं। हमें याद है, बचपन के खेलों में 'स्टॉप कहकर एक दूसरे को मूर्ति बनाने का खेल प्रचलित था। बाद में छोटी उंगली से मूर्ति बने साथी के माथे पर गोल-गोल घुमाते थे। मुझे याद है चुंबक जैसा अनुभव होता था माथे पर... अजीब-सा।

क्या सचमुच मेरी आत्मा मेरे मस्तिष्क के बीचों-बीच विराजी है? क्या मैं वही हूँ? हे ईश्वर। इस सुषमा को अपनी आत्मा, बेटी की ऊर्जा के साथ फिर से प्रसन्न रहने का कोई उपाय साझा करें। अभी तो दिन अनमना सा, रातें उदास सी, शाम उलझन भरी और जिंदगी ढर्रे पर चल रही है। पूरे साल भर का लेखा-जोखा करने पर पाया कि कितना सारा काम हिन्दी विभाग में किया है। मेरी इस यात्रा में सुखानुभूति नहीं, कर्त्तव्य पूरा करने की भावना है। सुख की अनुभूति के स्थान पर सेवा भावना और हर्ष के पल के स्थान पर अति आवश्यक कार्यों को पूर्ण करने की तीव्र भावना है।

अर्पिता, तुमने अपनी माँ को जीवन में सच्चा, अच्छा, स्नेही बनने का मंत्र दे दिया है। मैं तुम्हें ढेर सारा प्यार भेजती हूँ। बहुत सारा आशीर्वाद, ईश्वरीय शांति और खुशियाँ भी। तुम सदा खुश रहना बेटा। मुक्त, आह्लादित, तितलियों की तरह उड़ती...

अब विलाप को विराम है। तुम्हारी स्मृति में खोई रहती हूँ, पर सारे काम भी करती हूँ। कक्षा में भाषा की विशेषताएँ पढाना हो या प्रेमचंद की कहानी 'शतरंज के खिलाडी', सभी में सहज हूँ। उतनी देर भूल जाती हूँ दुख को। दीक्षारंभ कार्यक्रम में नये विद्यार्थियों से परिचय बहुम आत्मीयता पूर्ण हुआ। समय को दवा इसलिए कहते है शायद...

अभी जन्मदिन पर सभी ने सामूहिक शुभकानाएं दी, तो पहले मन खुश हुआ, फिर तुम्हारी याद में रो पड़ी मैं। तुम्हारे जाने का ये समय नहीं था बेटा। पर हर रोज पेपर में ऐसा आघात पढती ही रहती हूँ। लगता है, जैसे सब

कुछ तय है। निश्चित है। इसके उलट ईश्वर, भगवान, परमात्मा के अस्तित्व पर मन सवाल उठाता है। जबकि तुम्हारी यह यात्रा भविष्य में ईश्वरीय कही जाएगी। मैं तुम्हारी आगे की यात्रा के लिए ढेर-सी शुभकामनाएँ भेजती हूँ। सदा खुश रहो बेटा।

स्मृतियों में तुम : भाग 1

स्मृतियों में तुम

विद्वानों / पाठकों की प्रतिक्रियाएँ

- डॉ. आनंद कुमार सिंह
- डॉ. सुधीर शर्मा
- डॉ. शिप्रा द्विवेदी
- डॉ. संगीता सक्सेना
- पुष्पेंद्र सिंह बघेल

रिसते दुखों की उजली याद

प्रोफेसर सुषमा जादौन का अपनी बेटी को खो देना अकथनीय दुख का विषय है जिसे उन्होंने सामने रख दिया है। यह एक माँ के जीवन का सबसे बड़ा दुःख होता है, और इसी पर उन्होंने अपनी किताब ''स्मृतियों में - तुम'' लिखी है, जो एक डायरीनुमा संस्मरण के रूप में प्रस्तुत की गई है। इस पुस्तक में उन्होंने अपनी बेटी की सघन स्मृतियों को और उससे उपजे अपने शोक और व्यक्तिगत पीड़ा को शब्दों के माध्यम से जीवंत करने का उत्कट प्रयास किया है जो पाठक के मन पर छा जाता है।

जीवन में दुख आते हैं, आते ही रहते हैं। बिना दुख के जीवन हो ही नहीं सकता। तरह-तरह के दुख। इन दुखों में भी जो तीव्रतम दुख होता है वह है किसी अत्त्यंत प्रिय का अन्तहीन वियोग। सचमुच यह असह्य है। जिसके साथ रहकर जीवन का हर पल खिलखिला उठा हो उसी के अचानक चले जाने का विरह मन को कितनी दूर तक अकेला करता है-यह कहा नहीं जा सकता। अनेक बार यह अकेलापन मन को स्थायी अवसाद से भर देता है। दूर चले गए व्यक्ति की स्मृतियाँ निरंतर हमारा पीछा करती रहती हैं। यद्यपि हम जानते हैं कि संयोग और वियोग हमारे संबंधों को गति देते हैं, लेकिन जब अपने पर पड़ती है तो समस्त ज्ञान अकारथ हो जाता है। प्रो सुषमा जादौन ने इसी तरह के एक दारुण दुख से बमुश्किल उठकर अपनी अमर आत्मा पुत्री 'अर्पिता' की स्मृतियों को शब्दों में उकेरने के लिए लेखनी चलाई है। यह बहुत कठिन काम है और बहुत दुखदायी भी।

''स्मृतियों में तुम'' एक डायरीनुमा संस्मरण है जिसका विन्यास अपनी दुःखानुभूति को पाठक के मन में गहरे उतार देता है। लेखिका का सरल मन अपनी पुत्री के जीवन को बहुत तलस्पर्शी चेतना से स्पर्श करता है जिसमें

एक खुशहाल परिवार का सुंदर और जीवंत बिम्ब उभरता है। यद्यपि ऐसे परिवार भारत के आम दृश्य नहीं हैं जिसमें बेटी को इतना प्यार दिया जाता हो और संवेदनशील हाथों से उसे सहलाया जाता हो, तथापि माँ-बेटी के आंतरिक लगाव प्रायः परिवारों में छलक ही पड़ते हैं। अर्पिता अपने पिता, बुआ और भाई वासु से गहराई से जुड़ी है जिसमें एक पारिवारिक बंधन सदैव सबको अटूट रिश्तों में जोड़े रखता है। परिवार में सब कुछ सामान्य चल रहा है। अर्पिता युवा हो रही है। उसकी आकांक्षाएँ और अनुभूतियाँ उसे निरंतर सक्रिय रखते हैं। उसके समक्ष एक खुला भविष्य है और उस की गंभीर चुनौतियों को वह अनुभव करती है। वह चुपचाप पेंटिंग करने लगती है। वह एक ऐसी कला की ओर मुड़ चली है जिसमें रंग हैं और दृश्य हैं। अभी परिवार में एक बुजुर्ग के चले जाने का शोक विद्यमान ही है कि आकाश फट पड़ता है और अर्पिता इस दुनिया को छोड़कर चली जाती है। किसी तरह के उपचार का अवसर ही नहीं मिलता। बेटी के जीवन में स्वास्थ्य संबंधी ऐसी कोई बड़ी बात भी नहीं दिखी जिससे यह अकाल दुख वज्र बन कर टूटा। कोई अवसर ही नहीं मिला कि चिकित्सा की विधियों का सहारा लिया जाय। ऐसी कार्यकारणहीन विकरालता का मारक और अफ़सोसनाक असर पूरे परिवार का ही पीछा करता रहता है।

यह माँ के जीवन को तो जैसे लील ही जाता है। ऐसी परिस्थितियों में लेखिका को फिर से जीना सीखना है और इस हृदयहीन समाज में कार्यरत भी रहना है जहाँ आंतरिक विवशताएं अपनी जगह हैं और संसार की विचित्रताएँ अपनी जगह हैं। कोई सचमुच का भावनात्मक आधार खोजने पर भी नहीं मिलता। लोग शब्दों में सांत्वना देते हैं और अगले पल अपनी ओर की निजी दुनिया में लौट जाते हैं। ऐसी विडंबनापूर्ण जीवनानुभूतियों से गुजरकर लेखिका रोज़-रोज़ जतन कर अपने को सँभालती है और जीना सीखती है। सच बात यही है कि वह इस प्रक्रिया में अपनी दिवंगत बेटी को साथ-साथ लिए हुए चल रही है। मानो मृत्यु में भी सामर्थ्य नहीं कि इस छाया को लेखिका के मन से छुड़ा सके। यह प्रेम और जुड़ाव की पराकाष्ठा तरह दिखता है। मानो इसके आगे कोई दूसरी राह नहीं। कोई मंज़िल भी नहीं।

मैं इसे पढ़ता हूँ और रुककर उस सुंदर बेटी की जीवंतता को महसूस कर रहा हूँ। लेखिका का वर्णन इस तरह से इस व्यथा को चित्रित करता है

जिसमें मन के भीतर दुख का एक सीमाहीन अछोर सन्नाटा पसरा हुआ है। वहाँ पर, लेकिन कोई अबूझ अँधेरा नहीं है, बल्कि उसकी जगह एक खुली धवल उजास है। वह पीड़ा और कसक की एक मौन उपस्थिति की तरह है जिसमें यह अनुभव बंद हो गया है, लगता है कोई अज्ञात द्वार खुलेगा और बेटी अपनी माँ की गोद में आ विराजेगी। लेखिका ने उसके जीवन की हर छोटी घटना को जो बाल्यावस्था से किशोरावस्था तक माँ की यादों में विजड़ित होकर जीवंत हो गयी है उसे इस पुस्तक में कभी डायरी की तरह दर्ज और कभी संस्मरण की तरह दर्ज कर दिया है। यहाँ विधा का महत्त्व नहीं है, केवल उस भावात्मक सघनता का ही महत्त्व है जिसमें इस रचना को दुख से पार ले जाने वाले अनुभव की तरह रचा गया है। ऐसा प्रतीत होता है कि इसी पृथ्वी पर हमारे बिल्कुल पास में ही कोई 'स्थिर काल' है जिसमें सारी घटनाएँ 'फ़्रीज़' हो गयी हैं और डॉ सुषमा जादौन की सशक्त लेखनी की ऊष्मा से पिघल कर वही बाहर आ रही हैं। यह संस्मरण है या डायरी कहा नहीं जा सकता। संभवतः यह दोनों विधाओं को मिलाने वाला गहन दुख है। दुख ही इस तरह अतिक्रमण कर सकता है। वहाँ विधाएँ गौण हैं।

मैं इस संस्मरण को पढ़कर अवाक् हूँ। बहुत देर से मन व्यथित है। मैं समझ नहीं पा रहा कि किसी गंभीर मर्म को कैसे कहूँ! ऐसी संवेदना की समीक्षा करना ही कितना भद्दा काम लग रहा। एक सुंदर वेदना को जिसमें माँ-बेटी का उज्ज्वल प्रकाश भर गया है मैं उसे अँधेरे की ओर ले आऊँ? नहीं, यह मेरे लिए दुष्कर है। लेकिन, उनका बहुत आग्रह है मैं कुछ लिखूँ। मुझे लगता है इसे समझने के लिए कुछ समय के लिए इससे दूर जाना ज़रूरी है। इसमें अधिक देर तक रहना मेरे लिए संभव नहीं। मैं इस रचना से ब्यौरे चुनकर नहीं रखूँगा, ना ही कोई संवाद उद्धृत करूँगा। यह बहुत ही दुःखद और संवेदनशील विषय है। मेरे बस का नहीं।

इस प्रकार की रचनाएँ, जो गहरे व्यक्तिगत अनुभव और संवेदनाओं से उपजी होती हैं, उनमें लेखक के अंतरतम के विचार और भावनाएँ प्रकट होती हैं। इस पुस्तक को पढ़ते समय देखना होता है कि यह केवल एक साहित्यिक कृति नहीं है, बल्कि एक माँ की आत्मा की पुकार है, जो अपनी खोई हुई बेटी के साथ बिताए हुए समय को, उसके साथ किए गए हर संवाद

को, और उसके जीवन के हर उस पल को, जो अब केवल स्मृति बन चुका है, संजोने का गहन प्रयास है।

भारतीय साहित्य में बेटी को खोने के बाद लिखी गई रचनाएँ एक गहरी मानवीय संवेदना को प्रकट करती हैं। चाहे वह हिंदी हो, बंगला, मराठी, तमिल, तेलुगु, या कन्नड़ साहित्य हो, इन रचनाओं में एक माँ या पिता के दुःख, उसकी पीड़ा, और उसकी बेटी की स्मृतियों का मार्मिक चित्रण मिलता है। ये रचनाएँ न केवल व्यक्तिगत शोक की अभिव्यक्ति हैं, बल्कि वे अन्य पाठकों के लिए भी सहानुभूति और सांत्वना का स्रोत बनती हैं।

मनोविज्ञान में इस तरह के वियोग और शोक को समझने के लिए कई सिद्धांत और दृष्टिकोण विकसित किए गए हैं। इनमें शोक प्रक्रिया, माता-पिता और बच्चों के बीच गहरे भावनात्मक संबंध, अस्तित्वगत संकट, और व्यक्तिगत पहचान के संकट को शामिल किया गया है। यह समझना कि जब कोई माँ अपनी बेटी को खोती है, तो यह मानसिक रूप से कैसे प्रभावित करता है, मानसिक स्वास्थ्य के दृष्टिकोण से बहुत महत्वपूर्ण है, क्योंकि यह शोक, अवसाद, और चिंता जैसी मानसिक स्वास्थ्य समस्याओं को जन्म दे सकता है।

एलिज़ाबेथ क्यूब्लर-रोस ने 1969 में अपनी पुस्तक On Death and Dying में शोक और मृत्यु के पांच चरणों का मॉडल प्रस्तुत किया। यह मॉडल किसी भी गहरे मानसिक शोक, जैसे किसी प्रियजन के खोने के अनुभव को समझने में सहायक है। एक अन्य मनोविद् जॉन बाउल्बी ने यह सिद्धांत विकसित किया कि माता-पिता, खासकर माताएँ, अपने बच्चों से गहरे भावनात्मक रूप से जुड़ी होती हैं। जब किसी माता-पिता की बेटी की मृत्यु होती है, तो वह इस गहरे भावनात्मक संबंध के टूटने को एक गहरे आघात के रूप में महसूस करते हैं। बाउल्बी के अनुसार, जब यह ''ऑब्जेक्ट'' (बच्चा) समाप्त हो जाता है, तो माता-पिता में एक गहरी शोक और दुःख की स्थिति उत्पन्न होती है। इस तरह के वियोग को सहन करना मानसिक रूप से बहुत कठिन होता है और मानसिक स्वास्थ्य समस्याओं का कारण बन सकता है, जैसे अवसाद, चिंता, और PTSD (पोस्ट-ट्रॉमैटिक स्ट्रेस डिसऑर्डर)।

''स्मृतियों में – तुम'' जैसी रचनाएँ न केवल लेखिका के अपने दुःख को कम करने का एक माध्यम हैं, बल्कि वे पाठकों के लिए भी एक सहारा बनती हैं, जो अपने दुःख और शोक को समझने और सहने में कठिनाई महसूस करते हैं। यह पुस्तक एक तरह से शोक की प्रक्रिया और उसके विभिन्न चरणों का दस्तावेज़ है। यह देखना महत्वपूर्ण है कि प्रोफेसर सुषमा जादौन ने अपनी बेटी के खोने के अनुभव को किस प्रकार से साहित्य में ढाला है।

विश्व साहित्य में कई ऐसे लेखक और कवि हुए हैं जिन्होंने अपने बच्चों को खोने के बाद अपनी पीड़ा और शोक को कलात्मक रूप में व्यक्त किया है। यह विषय अत्यंत संवेदनशील होते हुए भी साहित्य में बहुत महत्वपूर्ण स्थान रखता है, क्योंकि यह मानव जीवन के सबसे गहरे और दर्दनाक अनुभवों में से एक है। निकोलस वुल्फर एक अमेरिकी दार्शनिक हैं, जिन्होंने अपने बेटे एरिक की मृत्यु के बाद Lament for a Son नामक पुस्तक लिखी। यह एक व्यक्तिगत डायरी नुमा संस्मरण है, जिसमें उन्होंने अपने बेटे की मृत्यु के बाद के दुःख, शोक, और अपनी भावनाओं का वर्णन किया है। इस पुस्तक में वुल्फर अपने व्यक्तिगत अनुभवों को एक सार्वभौमिक शोक में बदलते हैं। मेरी ओलिवर एक प्रसिद्ध अमेरिकी कवयित्री थीं, जिन्होंने अपने कई कविता संग्रहों में अपने व्यक्तिगत दुःख और हानि के अनुभवों को स्थान दिया है। हालांकि उन्होंने अपने बेटे या बेटी की मृत्यु पर कोई विशेष किताब नहीं लिखी, लेकिन उनकी कविताएँ जीवन और मृत्यु के अनुभवों को बहुत ही संवेदनशीलता और गहराई से छूती हैं। उनकी कविताओं में जीवन की नश्वरता और स्मृतियों का विशेष स्थान है। अमेरिकी लेखिका जोन डिडियन ने अपनी बेटी और पति दोनों के खोने के अनुभव पर आधारित यह पुस्तक लिखी। The Year of Magical Thinking में डिडियन अपने दुःख और शोक को विस्तार से वर्णित करती हैं। स्पेनिश लेखक मिगुएल डे उनामुनो ने अपने बेटे की मृत्यु पर गहरी शोकपूर्ण कविताएँ लिखीं। उनकी कविताओं में शोक की गहनता और दुःख की तीव्रता को देखा जा सकता है। वह अपने बेटे की स्मृतियों को कविताओं के माध्यम से संजोते हैं और मृत्यु के रहस्य को समझने का प्रयास करते हैं। अंग्रेजी कवि विलियम वर्ड्सवर्थ ने अपने बच्चों की मृत्यु पर कई गहन और शोकपूर्ण कविताएँ लिखी हैं। उनकी कविताओं

में बच्चों की मासूमियत और उनकी अनुपस्थिति से उत्पन्न खालीपन की भावना दिखाई देती है।

भारतीय भाषाओं के साहित्य में, माता-पिता द्वारा अपने बच्चों की मृत्यु के बाद लिखे गए शोकपूर्ण साहित्य का एक समृद्ध और संवेदनशील इतिहास है। विभिन्न भारतीय भाषाओं जैसे हिंदी, बंगला, मराठी, तेलुगु, तमिल, कन्नड़, गुजराती आदि में कई लेखकों ने इस कठिन अनुभव को अपनी रचनाओं में पिरोया है। निराला की 'सरोज स्मृति' कविता और देवेन्द्र की कहानी 'क्षमा करो हो वत्स' हिंदी साहित्य में कविता और कहानी दोनों ही विधाओं की सशक्त रचनाएँ हैं जिनका शोक पाठक के मन पर छा जाता है। रवींद्रनाथ ठाकुर ने अपने बेटे और बेटी दोनों को खोया था। उनकी बेटी रेणुका की मृत्यु के बाद उन्होंने कई कविताएँ लिखीं, जिनमें दुःख, शोक और स्मृतियों का गहन वर्णन है। उनकी कविता शिशु में एक बच्चे की मासूमियत और उसके चले जाने का दुःख प्रकट होता है। इसके अलावा, उनकी कविताएँ बालका और छेलेबेला भी बच्चों की स्मृतियों से जुड़ी हैं और जीवन की नश्वरता को उजागर करती हैं।

''स्मृतियों में तुम'' को पढ़ते हुए कुछ प्रश्न उठ सकते हैं। क्या लेखिका प्रो सुषमा जादौन ने अपने व्यक्तिगत दुःख को सार्वभौमिक बनाकर प्रस्तुत किया है, जिससे कि अन्य माता-पिता जो इसी प्रकार की पीड़ा से गुजरे हैं, वे भी इस पुस्तक के माध्यम से अपने दुःख को अभिव्यक्त और साझा कर सकें? क्या उन्होंने अपने व्यक्तिगत शोक और दुःख को एक सार्वभौमिक दृष्टिकोण से प्रस्तुत किया है, ताकि पाठक उन भावनाओं को समझ सकें? मैं कहूँगा - हाँ! उन्होंने अपने व्यक्तिगत दर्द को शब्दों के माध्यम से एक ऐसे रूप में प्रस्तुत किया है, जो पाठकों को भी अपने ही जीवन के दुःख और शोक की स्मृतियों में ले जा सकता है। मुझे लगता है कि यह पुस्तक न केवल लेखिका के लिए, बल्कि पाठकों के लिए भी एक प्रकार की सांत्वना हो सकती है। जो लोग अपने जीवन में इसी प्रकार की किसी हानि का सामना कर चुके हैं, वे इस पुस्तक के माध्यम से अपने भावनाओं को समझने और साझा करने का एक माध्यम पा सकते हैं। लेखिका ने अपने दुःख को व्यक्त कर, न केवल अपने मन का बोझ हल्का करने का प्रयास किया है, बल्कि एक सांत्वना देने वाले संदेश को भी

पाठकों तक पहुँचाने की कोशिश की है। ''स्मृतियों में - तुम'' एक तरह से व्यक्तिगत पीड़ा और समाज के शोक संस्कृति का अध्ययन है। यह पुस्तक यह संदेश देती है कि दुःख को व्यक्त करना और उसे समझना, शोक की प्रक्रिया का एक महत्वपूर्ण हिस्सा है।

अंततः, ''स्मृतियों में - तुम'' एक ऐसी कृति है, जो गहरे व्यक्तिगत अनुभवों और भावनाओं को साझा करती है, और जो पाठकों को जीवन, मृत्यु, स्मृतियों, और शोक के अर्थ पर पुनर्विचार करने के लिए प्रेरित करती है। ऐसी पुस्तकें न केवल साहित्यिक दृष्टि से महत्वपूर्ण होती हैं, बल्कि वे पाठकों को आत्म-अवलोकन और सांत्वना प्रदान करने की क्षमता भी रखती हैं। इस संवेदनशील पुस्तक के लिए मैं प्रो सुषमा जादौन को अंतःकरण से बधाई देता हूँ। आशा करता हूँ कि इस दुख को रचकर वह असाधारण मातृत्व की उजली आभा से आलोकित हो गयी हैं।

–डॉ आनंद कुमार सिंह

करुणा - कलित कृति : स्मृतियों में तुम

कि सी प्रियजन का अपने बीच से यूं अचानक चला जाना मन को भीतर तक सालता है, यह पीड़ा एक-दो दिन की नहीं, जीवन पर्यंत बनी रहती है। प्रियजन की स्मृतियों से मुक्त हो पाना आसान नहीं होता, वे स्मृतियां कभी पीछे नहीं छूटतीं, हमेशा साथ चलती हैं। मन का एक कोना खाली रह जाता है, सदा-सदा के लिए। किसी प्रियजन का विराट शून्य में समा जाना पीछे एक शून्य ही छोड़ जाता है। मन की इस पीड़ा, क्षोभ, बेचैनी से मुक्ति आसान नहीं होती। यह बेचैनी यदि अनकही रह जाए तो पीछे छूटे संवेदनशील व्यक्ति की चेतना को मथ डाले, उसके विवेक को बौरा दे, इसलिए इस पीड़ा की अभिव्यक्ति जरूरी है। यह अभिव्यक्ति भले ही आंसुओं में हो या शब्दों में। 'स्मृतियों में तुम' इसी तरह की पीड़ा की अभिव्यक्ति है, याकि असहनीय पीड़ा से मुक्ति का प्रयत्न! पीड़ा जब तक वैयक्तिक रहती है, तब तक वह त्रासद बनी रहती है। रचनाकार इस वैयक्तिक पीड़ा को सार्वजनीन बनाकर अपनी पीड़ा के ताप को कम कर लेता है। 'स्मृतियों में तुम' की लेखिका ने भी ऐसा ही किया है - 'तुम्हारे जाने से यह कहानी खत्म नहीं हुई अर्पिता, तमाम कमियों अपरिपक्वता के बाद भी मेरी, तुम्हारी, हमारी यह कहानी अब सब की हो गई है।'

'स्मृतियों में तुम' को लेखिका ने डायरी संस्मरण कहा है। इन संस्मरणों में मातृ हृदय की करुणा प्रवाहित हो रही है। बिटिया के शाश्वत बिछोह जनित करुण क्रंदन व्याप्त है इन संस्मरणों में। इनमें करुणा जनित अश्रु धारा है, जो शब्दों में समा गई है। शब्दों के माध्यम से आंसुओं का यह प्रवाह

पाठक को भी करुणा कलित करने की सामर्थ्य रखता है- 'मेरी बिटिया दूसरों से अलग थी- प्यारी, शाई, स्नेही और जीवन को भरपूर जीने वाली, सपनों के पंख लगाकर उड़ने वाली, और मैं उसकी सहेली, दोस्त, मां सब कुछ थी। हमने बहुत सारी बातें शेयर की, जो मां-बेटी ही कर सकती हैं, पर मैं कैसे समझाऊं अपने मन को, मेरी जीवनआशा चिड़िया बनकर उड़ गई!

जैसे महाप्राण निराला की 'सरोज स्मृति' एक तरह का शोक गीत या शोक काव्य है, 'स्मृतियों में तुम' शोकात्मक गद्य गीत है, क्योंकि इन संस्मरणों की भाषा की परतों में शोक की स्रोतस्विनी प्रवाहित है। जैसे नदी धरती को शीतल और शांत कर देती है, इन संस्मरणों में प्रवाहित शोक - सरिता भी मातृ-हृदय के संताप को कम कर उसे शांति प्रदान करेगी। यह भी चिरंतन सत्य है कि कोई भी दुःख, कोई भी शोक जीवन की गति को रोक नहीं सकता -

कौन-सी है आँख जिसने अश्रु को न्योता नहीं।
किंतु कोई दर्द धरती पर अमर होता नहीं।

'स्मृतियों में तुम' के संस्मरणों में आंसुओं की नमी के नीचे रिश्ते-नातों की प्रच्छन्न ऊष्मा है, परिवार है, जीवन है।

'स्मृतियों में तुम' के संस्मरणों की भाषा प्रवाह पूर्ण है। करुणा से परिपूर्ण यह कृति पठनीय है तथा लेखिका के साहित्यिक सामर्थ्य का परिचय कराने वाली है। पुस्तक के दूसरे भाग के लिए लेखिका को हार्दिक शुभकामनाएँ।

-डॉ. सुधीर कुमार शर्मा,
हिंदी प्राध्यापक, शासकीय एम.एल.बी.कन्या
स्नातकोत्तर महाविद्यालय, भोपाल

'स्मृतियों में तुम'

'मैं पत्थर नही होना चाहती' जिन्दगी जीने का यह जज्बा लिए हुए अपने आस-पास की दुनिया रिश्ते-नाते सभी में बढ़ी शिद्दत से रची-बसी हुई सहज-सरल किन्तु दृढ़ व्यक्तित्व की धनी सुषमा जादौन प्राध्यापक तो है हीं एक समर्थ संवेदनशील रचनाकार भी है। भोर की उजास का सपना और संकल्प जीवन की **अमूल्य निधि** के अचानक जुदा हो जाने के साथ डगमगाने लगा, विचलित होने लगा।

स्मृतियों में तुम सुषमा जी के संवेदनशील मन की वह करूण व्यथा है जो उन्हें जड़वत करती रहती है। अपनी ही बेटो को खो देने की असीम पीड़ा, करूणा, दर्द की साक्षात अभिव्यक्ति है **स्मृतियों में तुम।** निरन्तर चाक पर चलता रहता है मन, हर पल स्मृतियों में साकार होती बेटी कभी ठहरी हुई, कभी मचलती हुई कभी रूठती हुई, हँसती खेलती उम्र की सीढ़ियों पर चढ़कर बढ़ती हुई दृश्यमान होती है।

स्मृतियों में तुम से गुजरना नाना भावों और रसों, राग रागिनियों के आरोह-अवरोह से गुजरना है। **चिर रिक्तता** के बीच पुत्री उनके जीवन में न होते हुए भी साक्षात आशा बूँद है सावन की, मन के उमड़ते-घुमड़ते घटनाक्रमों को सीने में पत्थर की तरह बाँध रखने से होने वाला दर्द आखों से जलधारा बनकर ही नही बह निकलता बल्कि शब्द की धारा बनकर भी बहता है। यह दर्द जितना सुषमा का है उतना ही हर पाठक और हर माँ का भी दर्द बन जाता है।

स्मृतियों में तुम भावों का एक ऐसा आवेगमय प्रवाह है जो डायरी संस्मरण और चित्रांकन की सीमाओं का अतिक्रमण करता रहता है। संस्मरणों के टुकड़े छोटी-छोटी कविता जैसे मन में उतरते चले जाते हैं। सजीव,

साकार चलचित्र की तरह रचना पाठक को बाँधे रहती है। और वह भी पढ़ते हुए हँसता है, रोता है, गुनगुनाता है, उदास होता है, प्रतीक्षारत होता है, टूटता है बिखरता है, संभलता है। एक भावमयी यात्रा से गुजरता है।

बिटिया की बोलती हुई पेंटिंग्स जैसे रंगमयी कविता है। बेटी की स्मृतियों का यह बहुमूल्य खजाना साथ बिताए हुई पलों और भविष्य के सपनों की अमूल्य निधि है सुषमा के पास, इसलिए पत्थर न होकर अपने अन्दर निरन्तर प्रवाहित चेतना के उजास को लेकर जिन्दगी को आगे ले जाना है। सुषमा के सृजन में बेटी सतत् प्रवहमान है और रहेगी। अमूर्त से मूर्त होती स्मृतियों में तुम की अगली कड़ी भी सृजनात्मकता के एक नए आयाम को छुएगी।

स्मृतियों में तुम एक माॅं की करूणा गाथा मात्र नहीं है बल्कि जिन्दगी की ईमानदार किताब है। भाव, भाषा शैली तो ऐसी है कि एक बार पढ़ना शुरू होता है तो कृति से बाहर होना सहज नहीं है। हाॅं यह अवश्य है कि दर्द कभी आंखों से बहकर भिगोता है तो कभी होंठों मर मुस्कान बन छा जाता है। रचना में अर्पित कृति पुत्री अर्पिता हमसब की निधि बन गई है।

–डॉ. शिप्रा द्विवेदी
प्राध्यापक (हिन्दी विभाग)
शासकीय ठाकुर रणमत सिंह
महाविद्यालय रीवा (म.प्र)

‘स्मृतियों में तुम’ कृति डॉ. सुषमा जादौन ने अपनी बिटिया अर्पिता/ निधि के असामयिक निधन से उपजी गहन वेदना से मानो निष्कृति पाने के लिए लिखी है। अपने बाबा की मृत्यु का दुख एक निश्छल, कोमल हृदय में ऐसा भरेगा कि भीतर ही भीतर हो रही टूट-फूट एक वज्रपात बनकर पूरे परिवार को छिन्न-भिन्न कर देगी, इसका अनुमान न हो सकना- रचना में बारंबार इस पीड़ा की आवृत्ति होती है। इसमें केवल एक माँ और बेटी का जीवन ही नहीं आता बल्कि मृत्यु का वह सच भी आता है जो तकलीफ देता है, भयाकुल करता है और अफसोस से भी भर देता है। देखा जाए तो मृत्यु क्या है? एक अवश्यंभावी सच ही तो, फिर दुख कैसा? अपने बचपन से ही मृत्यु-गंध से परिचित रही हूँ और यह समझ गई हूँ कि दुख मृत्यु का नहीं, दुख यह होता है कि फिर वह व्यक्ति हमें कहीं और कभी भी दिखाई नहीं देता और अपने पीछे कितने ही लम्हों को फिर न जी पाने की कसक हृदय पर सिल की तरह गिर जाती है। ‘स्मृतियों में तुम’ एक प्रियजन को खो देने की ऐसी ही कसक की अभिव्यक्ति है जिसमें एक माँ का वात्सल्य जैसे अजस्र धाराओं में बरस पड़ा है। अपना ही एक अंश खो देना जो जीवन-चर्या का अभिन्न अंग रहा हो, उस वेदना की निष्कृति के लिए मानो यह कृति लिखी गई है परंतु निष्कृति क्या सचमुच इतनी आसान होती है? एक माँ का भावाकुल मन प्रकृति की हर आहट, हर स्पंदन में उस बिटिया को खोज रहा है। तितली, चिड़िया, बुलबुल, मोगरा, पारिजात- हर नई हलचल बिटिया की यादों से भर जाती है।

सुख मनुष्य को सिकोड़ता है परंतु दुख विस्तारित करता है। एक माँ की गहन वेदना पर कुछ कह सकूँ ऐसा सामर्थ्य नहीं है पर फिर भी साहस किया है। स्मृतियों में तुम - फिर से... के लिए मेरी बहुत सारी शुभकामनाएँ।

सस्नेह,

–संगीता सक्सेना

प्रोफेसर हिंदी, शासकीय महारानी लक्ष्मीबाई

कन्या स्नातकोत्तर महाविद्यालय

मुझे याद नहीं कि कभी भी कोई संस्मरण पढ़ते हुए मेरी आँखें इतनी बार नम हुई हों। 'स्मृतियों में तुम' संस्मरण डायरी एक माँ की अपनी बेटी से सदैव बिछड़ने की दारुण व्यथा की कहानी है। जो स्मृतियों में है वो हमारे साथ है और जिसकी हमारे पास कोई याद नहीं है वो भौतिक रूप से होने पर भी हमारे लिए कोई अस्तित्व नहीं रखता। हम एक दूसरे की स्मृतियों में ही होते हैं। स्मृतियाँ मानव के लिए अमरत्व का एक विकल्प हैं।

लगाव जितना अधिक होता है बिछोह का दुःख उतना ही गहरा होता है। संतान के प्रति माँ का लगाव अप्रतिम है।

वो सारी विदाएँ जिनमें अलविदा कहने का अवसर नहीं मिलता सारी उम्र हृदय को कचोटती हैं। अक्सर मृत्यु ये अवसर नहीं देती। अलविदा ना कह पाने का दुःख पूरे संस्मरण में दिखता है। संस्मरण में लेखिका इस बात की गुहार लगाती हैं कि स्वप्न में ही सही या *तितली, चिड़िया, पाखी, बाँसुरी, नदी, आस्था या अर्पिता बनकर एक बार कहो – ''मां, अब नहीं रोना। मैं जा रही हूँ। बाय माँ''*

यह वाक्य 'हमारी तकलीफ से तुमको भी तकलीफ पहुँचेगी'। सचमुच

मातृत्व प्रेम की पराकाष्ठा है। पीड़ा को मात्र इसलिए दबाना है कि कहीं प्रिय पुत्री परलोक से मां को निहारती हो तो दुःखी न हो जाये। संतान पास में नहीं होती है तब हमारी माएँ चिंता में व्याकुल होती हैं। *'मेरे बिना तुम ज्यादा देर नहीं रह पाती थीं और अब? तुम्हारे पास कौन है बेटा? ईश्वर? भगवान? प्रभु?* स्वयं की पीड़ा को भूलकर माँ प्यारी बेटी के सुख की चिंता में हैं। बस ईश्वर से यही विश्वास मांग रही हैं कि वह तुम्हारे पास है। यहां की भांति ही सदैव हँसती मुस्कराती हैं।

पूरे संस्मरण में मां को इस बात का दुःख बार बार उठता है कि स्वप्न में सबको अर्पिता दिखती हैं सिवाय उन्हें छोड़ कर।

संतान के विरह में जो एक माँ का दुःख होता है उसे किसी भी प्रकार की सांत्वना नहीं दी जा सकती। भाषा में ऐसे शब्द हैं नहीं। दर्शन में

भी ऐसा कोई विचार नहीं है। दर्शन के लिए तो चुनौती है क्योंकि मां का दुःख नैसर्गिक है व्यावहारिक है उस पर दर्शन की बातें बनावटी और कोरी वाग्जाल सिद्ध होती हैं। दर्शन से और सांसारिक दुःखों का शमन किया जा सकता है परंतु मातृ-हृदय के दुःख को शान्त करना उसके बस की बात नहीं है। कृष्ण ने महाभारत में गीता जैसा गूढ़ दर्शन दिया परन्तु जब एक मां के समक्ष गए तो अपराधी की भांति दण्ड स्वीकार कर लिया एक शब्द भी दर्शन का, तत्व ज्ञान का उनसे नहीं कहा गया।

निराला ने जब 'सरोज-स्मृति' लिखी उसमें उनका पश्चाताप है, खेद है, कसक है कि वो पिता का दायित्व न निभा सके। जबकि इस शोक संस्मरण में मां निरीक्षण करती हैं कि अपने दायित्व का निर्वाह तो उन्होंने इतनी सजगता एवं समर्पण से किया फिर ये सदैव की विदा उनके हिस्से में क्यों आयी।

डायरी में जीवन के सजीव चित्र हैं मात्र दुःख के ही नहीं वरन् सुख के भी। अर्पिता के बचपन से युवावस्था तक की प्यारी स्मृतियाँ इसमें हैं। परिवार, रिश्तेदार, विद्यालय से अर्पिता को अत्यंत स्नेह मिला। सरल हृदय अर्पिता सबके लिए करुणा रखती थीं इसलिए सबको उनके जाने का विशेष दुःख है। डायरी में लोक संस्कृति, तीज - त्यौहार, विवाह उत्सवों के बड़े मनोरम चित्र हैं।

'कोई क्यों पढ़ेगा हमारी कहानी? एक आम माँ-बेटी की कहानी!' जो आम है, साधारण है, वही सबसे जरूरी है। क्योंकि वह सबके लिए अर्थपूर्ण है। वह सबकी कहानी है। डॉ. सुषमा जादौन मैम को धन्यवाद है कि इतनी व्यथा में उन्होंने अपने उर की स्मृतियों को शब्द दिए। संतान से बिछुड़ी माँ के हृदय में जो दुःख का सागर होता है उससे परिचय करवाया। मैं इस कृति के दूसरे भाग के लिए प्रतीक्षारत हूँ।

– पुष्पेन्द्र सिंह बघेल

शोधार्थी, बरकतउल्ला विश्वविद्यालय,

भोपाल

पापा की परी : पिता की ओर से

मेरी प्यारी अर्पिता,

मेरी निधि, जब आपका जन्म हुआ था, तब मेरे उत्साह और खुशी का कोई मुकाबला नही कर सकता था। घर पर सब कहते ये कि नेपाल को लड़की हुई है। मैं कहता था कि मेरे यहाँ लक्ष्मीजी खुद चलकर आई हैं। मैं बहुत खुश था। मैंने सब से कहा कि- मैं अपनी बेटी का नामकरण समारोह करूँगा। घर पर सभी के अलग-अलग विचार थे, पापा, मम्मी, तथा आपके ताऊ कह रहे थे कि लड़की का नामकरण नहीं होता है हमारे खानदान में।

लेकिन मैंने तो यह निश्चय कर लिया था, कि अपनी बेटी का नामकरण उत्सव तो करके रहूँगा। फिर मैंने कहा कि सारे समारोह का खर्चा तो मैं कर रहा हूँ। आपको क्यों परेशानी हो रही है। इसके बाद बड़े तथा छोटे सभी चुप हो गए और आपका नामकरण समारोह हुआ।

आप जब जन्म उपरांत भोपाल आई तो गर्मी बहुत अधिक थी। हमारे पास कूलर नहीं था। एक रात आपकी बेचैनी से मैं बेचैन हो गया। उस रात मैंने आपको अपनी गोद में लेकर तथा मैदान में घूम-घूम कर सुला तो दिया, लेकिन मेरी प्रथम वरीयता उस दिन यह थी कि गर्मी से पहले घर पर कूलर आ जाए। और जिस दिन कूलर घर आया तो आपको अच्छी नींद आई।

बेटी, क्या-क्या स्मरण करूँ? मैंने, दिन या रात या सपने में भी कभी ऐसा नहीं सोचा था कि एक आप मुझसे इतनी दूर चली जाओगी कि मैं इस संसार में अकेला रह जाऊँगा।

बेटा, आपकी अनंत यात्रा से हम सभी- आपकी माँ, आपका भाई तथा आपके पापा इस जीवन में, इस दुनिया में तो हँसते दिखते है लेकिन अंदर से इतने दुखी हैं, कि अब जीवन में कुछ करने की इच्छा ही नहीं होती है।

अर्पिता, आप जब थोड़ी बड़ी हुई तो आपकी इच्छा चलने की होती थी। आपकी माँ लोक सेवा आयोग की सहायक प्राध्यापक परीक्षा उतीर्ण कर चुकी थीं और आपकी माँ का साक्षात्कार इंदौर में था। जब मैं, आपकी माँ और आप घूमने राजबाड़ा गए तो आप मेरी गोद से उतर कर तै-तै कर के चलने लगी थी। वह मेरी बेटी के लिए प्रथम बार धरती पर खुल कर चलना था।

अर्पिता जब एक साल की भी नहीं थी, जब हम लोग भोपाल सिटी कुछ सामान खरीदने गए। एक रेडिमेड कपड़े की दुकान पर हम फ्रॉक देखने लगे। तब हमने तीन-चार फ्रॉक अर्पिता के सामने रखी, उसमें से एक फ्रॉक पर अर्पिता ने हाथ रखा। हमने कहा- यही इसे पसंद है। सुषमा ने उस फ्रॉक का दाम पूछा - "कितने की है? उसने कहा 550 रु. की। सुषमा ने कहा - महंगी है, रहने दो। मैंने कहा, नहीं - मेरी बेटी ने पहली बार फ्रॉक पसंद की है। चाहे वह 500 की हो या 1000 की, मैं तो खरीद कर ही रहूँगा।

अर्पिता के बिना उसके पापा अधूरे हैं। ऑफिस से आते ही सबसे पहले मेरी पुकार अर्पिता या निधि होती थी। उसके बाद वासु। फिर घर की अन्य बातें सभी लोग साथ में खाना खाते वक्त या टीवी देखते समय करते थे। एक बार अर्पिता ने कूलर में हाथ डाल दिया था, जिससे उसकी उंगली में मामूली चोट लग गई। हमारा मन बहुत घबराया था।

एक बार टेस्ट की कॉपी चेक करने के लिए सुषमा घर लेकर आई थी, सुषमा कॉपी चेक करते-करते थक गई और वहीं पर सो गई। फिर अर्पिता तथा वासु ने पेन उठाकर कॉपी चेक करने का कार्य किया। किसी को 15 में से 22 अंक किसी को 15 में से 20 अंक देना प्रारंभ किया। फिर दोनों को याद आया कि मम्मी डाँटेंगी। जो कॉपी दोनों भाई-बहन ने मिलकर जाँची थीं, उन्हें बालकनी से नीचे फेंक दिया। जब दोपहर को मैं लंच पर घर आया, तब देखा कि कुछ कॉपी नीचे पड़ी हैं। तब सभी कॉपी

उठाकर फिर उनको मिलाकर चेक किया। दोनों की इस मासूम शरारत पर गुस्सा भी आया और प्यार भी।

इसी तरह एक बार आपको क्रोध आने पर आपने वासु के साथ मिलकर घर के बहुत सारे बर्तन नीचे फेंक दिये थे। लेकिन कितना भोला चेहरा था, जब पूछा कि किसने बर्तन फेंके? तो सरलता से बता दिया कि मैंने और वासु ने। वो बचपन की आपकी चुलबुली-सी मुस्कान, हँसना, मैं कहाँ से लाऊँ, मेरी बेटी मुझे बता दो।

जब आप एक साल की भी नहीं थीं, तब आपकी ताई भोपाल आई थीं। कुछ दिन आपने उनके साथ गुजारे। जब आपके ताऊ और ताई वापस ग्वालियर जा रहे थे। तो आप भी उनके साथ ग्वालियर चली गईं। मैं और आपकी मम्मी स्टेशन से घर आये तो पूरा घर सूना-सूना लगने लगा। जैसे आज भी यह घर उदास और निराश लग रहा है। ऐसा लगता है कि घर कह रहा हो-बिना अर्पिता के इस घर में आनंद कहाँ?

रात को आपकी माँ रोने लगी। सुबह ठीक सात बजे मैं भोपाल रेलवे स्टेशन रिजर्वेशन कराने चला गया। करंट में रिजर्वेशन करा कर उसी रात हम ग्वालियर के लिए रवाना हो गये। सुबह जब तुम्हें सकुशल देखा तो जान में जान आई। मेरी बेटी, इस शरीर में प्राण तो हैं, लेकिन 24 घंटे आपकी याद में खोए रहते हैं। कभी कार चलाते समय, कभी बैठे-बैठे आंसू बहा लेते हैं आपकी याद में... यादें कुछ लिखने नहीं देती है... यादों का एक सैलाब-सा बह रहा है। क्या लिखूँ? क्या-क्या लिखूँ? मैं आपकी माँ की तरह लेखक नहीं हूँ। बस एक पिता हूँ- जिसकी बेटी अचानक उसे छोड़ कर ईश्वर के पास चली गई। मन भावुक है, आँखें भरी हुई हैं। बस, ईश्वर से यही प्रार्थना है कि मेरी प्यारी अर्पिता, जहाँ भी हो, खुश रहे। सदा खुश रहो बेटा।

–एन.एस. जादौन

हमारी पाती प्रेम भरी

प्रिय अर्पिता,

तुम्हें गए हुए 20 माह हो गए। जीवन अपनी गति से चल रहा हैं। हम भी अवसाद से, प्रसन्नता, रुदन से खुशी और अंधेरे से उजाले की ओर बढ़ रहे हैं। तुम्हारे चिर-बिछोह ने बहुत कुछ सिखा दिया है। मृत्यु, जीवन, जीव, जगत, भगवान, ईश्वर, आयाम, कर्म, एंजिल और धरती से परे एक दुनिया के बारे में कभी विश्वास करना चाहती हूँ और कभी नहीं। पर अविश्वास से मिलेगा भी क्या? कम से कम मुक्ति या मोक्ष का विश्वास मन को शांति तो देता है न! या फिर आकाशीय रिकार्ड, सोल प्लान और जीवन की सारी चुनी हुई घटनाओं को स्वयं चुनने की आजादी जैसे विचार मन को आश्वस्ति से भरते हैं। कभी-कभी ऐसा लगता है, जैसे कुछ हुआ ही नहीं है। किसी ने कहा है कि यह कृति सुषमा जी ने दुःख से निष्कृति के लिए लिखी है। मैं इस शब्द का अर्थ खोज रही हूँ। निष्कृति किससे? दुःख से? स्मृतियों से? साथ जिए पलों से?...

अब ये स्मृतियाँ मेरा पाथेय हैं। तुम्हारी याद को हृदय-मंजूषा में रख लिया है। तुम्हारे साथ बिताए क्षण मेरे जीवन का कोष हैं। बहुमूल्य कोष। अब आंसुओं को विदा देती हूँ। प्रयास करती हूँ कि तुम्हें याद करूँ तो मुस्कान आए अधरों पर... तुम्हें साथ पाऊँ तो हँसने लगूँ मैं। जब से तुम गईं, तो जीवन से कविता चली गयी। ईश्वर, फिर से इस माँ को शक्ति दे दो कि उसकी कलम अब कविता रच सके। यह मन मुस्कुराकर कुछ कह सके। गीत गा सके। विलाप को विराम चाहिए। मन को विश्राम चाहिए।

प्यारी बिटिया, तुम जहाँ भी हो, सदा खुश रहो। हम भी चिड़िया, धरती, आकाश, पतंग, तितली और पाखी के नये संसार में जी रहे हैं। यह

एक नयी दुनिया है, जिसमें तुम हो। मेरे आसपास हो। तुमने अपने अस्तित्व से मुझे कितना कुछ दिया है बेटा। अब तुम्हें लौटाने का वक्त आया है। मेरी दुआओं में, मेरी सदाओं में तुम हो बेटा। इस अनंत आकाश में तुम एक नन्हा-सा सितारा बन गयी हो। अब यह सब फिल्मी नहीं लगता। सितारा ध्रुव की तरह अटल है। अरुंधती... कितना अच्छा नाम है। रैदास सर ने तुम्हारी कृति 'आज़ाद हूँ मैं' को पढ़कर अरुंधति तारा कहा है तुम्हें!

अब वाद्ययंत्र का तार फिर से जोड़ लिया है... कहानी के पन्ने अब अधूरे नहीं हैं... क्षितिज पर तुम्हारी मुस्कान की ललिमा है- इस जीवन यात्रा में तुम्हारे साथ बिताए क्षणों की गाथा है मन में। तुम जहाँ हो बहुत प्रसन्न हो, यह विश्वास हैं। मेरी राहों में तुमने हरसिंगार के फूल बिछा दिए हैं। गार्डन में पारिजात खिलने लगा है इन दिनों। ईश्वर के चरणों में चुन-चुनकर चढ़ाती हूँ... अच्छा लगता है। ऐसा लगता है तुम अपने ईश्वर के पास हो। नये आयाम में... नई दुनिया में या फिर नयी माँ की गोद में... नन्हीं-सी कली मेरी लाड़ली। जहाँ भी हो, जहाँ भी रहो, पर सदा रहोगी - मेरी स्मृतियों में तुम...

प्रिय अर्पिता
1 जनवरी 2025

लो, फिर से नया वर्ष आ गया! तुम्हारे बिना कैसा नया साल? तुम थीं तो जीवन के सारे पलों में रंग बसे थे। मन में उमंगों की एक नदी बहती थी। शुभकामनाओं के शब्द कविता के रूप में सहजता से बहते चले आते थे। अब कहीं न कहीं, कोई विराम अवश्य है। अधरों से हँसी की, जीवन से खुशी की, संघर्ष में उत्साह की, संगीत में राग की, सृजन में प्रेरणा की जैसे कुट्टी हो गई है। माँ हूँ, इसलिए इतना सब कह पाई! इस फरवरी को तुम्हें गए पूरे दो वर्ष हो जाएँगे।

मेरे मन के आसमान पर तुम्हारी स्मृतियों के सजीव चित्र सजे हैं - किसी में खुशी है, किसी में हँसी है। किसी में रंग है तो किसी में उत्साह! सपने भी तो मैंने तुम्हारे साथ ही देखे थे। तुम्हारे लिए देखे थे। तुम्हारी छोटी-सी ज़िंदगानी ने मुझे प्यार, विश्वास, अपनापन, जीने की आशा, सकारात्मकता और 'माँ' होने का ईश्वरीय सुख और पद दिया है। इस जीवन में तुम्हारी कमी कोई पूरी नहीं कर सकता।

प्रिय निधि, मुझे इस नए वर्ष में आशा, विश्वास, खुशी, हँसी, प्रेरणा, उत्साह और जीने की इच्छा चाहिए। मेरी बच्ची, तुम भी अपने नए जहान में हँसती, मुस्कुराती, उड़ती, गाती रहना। तुम्हारा बहुत सारा सामान बाँट दिया है, पर तुम्हारी ढोलक और प्यानो वैसे ही रखे हैं। उदास से... तुम्हारा एक्रेलिक और वाटरकलर का एक नया डिब्बा भी रखा है। वैसा ही। अनयूज्ड। तुम्हारी एक स्केच बुक अभी भी संभालकर रखी है, पर पूरी खाली है। शायद तुम भी खुशियों की बाट जोह रही थीं। है ना?

तो प्यारी बेटी, तुम सदा खुश रहना। मेरे मन में, मेरी आस में, मेरी साँस में, मेरी राह में, मेरी आह में, मेरे सृजन में तुम ही तुम हो। इस नए साल पर तुम्हारी राहें प्रकाश से जगमग कर उठें। तुम अपने जहान में खुश रहो। जीवन के हर क्षण, हर पल में तुम्हारे लिए प्रसन्नता की कामना करती हूँ। यही कहूँगी-सदा रहोगी, मेरी स्मृतियों में तुम...